すごいコミュニケーション

「お金」も「人」もついてくる

森貞仁
sadamasa mori

SOGO HOREI PUBLISHING CO., LTD

はじめに

2016年6月、僕は当時勤めていた会社を辞め、独立起業しました。

豊富な資本金や確実な販路など、お金を生み出すために必要なものは何もない、まさに0《ゼロ》からのスタートでした。

一見無謀とも思える起業から3年ほど経った現在、僕は300人以上のパートナーとともにコンサルティング、教育、貿易などさまざまな分野にわたる約30ほどの事業を手がけ、およそ7000万円の月商をあげています。年商ではありません、1カ月で約7000万円の売り上げをつくっているのです。

自分で言うのもおこがましいかもしれませんが、起業家としては成功した部類に入るのではないかと思います。

「3年間でそこまでになるとは、ITに詳しかったり、特殊なスキルがあったりしたに違いない」と思われる方もいると思いますが、決してそんなことはありません。

僕は起業するまでは、リフォーム会社の営業マンとして働くごく普通のサラリーマンでした（余談ですが、その会社は残業の多さ、給料の安さ、そして労働環境と、どれをとってもブラック企業といっても過言ではないくらいの会社で、なかなか人が居着かないような会社でした）。

ただ、そんな僕でも、「これは誰にも負けない」というものがありました。それが「コミュニケーション能力」です。

コミュニケーション能力というと、簡単に人と仲良くなれたり、友だちをたくさんつくれたりする力と思われるかもしれません。

もちろん、一般的にはそのような理解でもいいのですが、ことビジネスの場面においては、コミュニケーション能力は稼ぐ力とも直結するものです。

僕は、コミュニケーション能力のおかげで、起業から3年足らずで月商7000万円という成果を上げ、ビジネス、友人関係、そして家族と、とても充実した毎日を過ごすことができています。

極端に聞こえるかもしれませんが、コミュニケーション能力さえあれば、人間関係でもビジネスでもいい結果を出せるのです。

では、そのようなコミュニケーション能力はどのようにしたら身につけることができるのか。本書では、僕が体験の中から得たノウハウを余すところなく紹介しています。

いまよりも、もっといい人生を送りたい。

そう思う方は、ぜひ本書を手にとって、コミュニケーション能力の向上を実践してみてください。数年後、いや、数カ月後には、あなたの人生はあなたの望む方向に向かっていくことでしょう。

目次

本文デザイン／Dogs Inc.
DTP／横内俊彦
校正／矢島規男

序　章

社会と人から必要とされる 0《ゼロ》から創れるコミュニケーション能力

～人と人をつなぐ、人と自分をつなぐチカラ～

まず本題に入る前に「コミュニケーション能力」とは何かを考えてみましょう。

ビジネスの現場で重視される能力というと「協調性」「主体性」「チャレンジ精神」という言葉が思い浮かぶかもしれません。しかし、実は就職活動の選考で最も重視される能力は、コミュニケーション能力です（２０１６年、日本経団連調べ）。

この傾向は最近始まったことではありません。僕が就活をしていた10年前でも、最も重視された能力はコミュニケーション能力だったのです。

では、コミュニケーション能力が重視されるようになってきたのは、なぜでしょうか。

それは、インターネットの普及により価値観の多様化が進んだ結果、さまざまな個性を持った人がビジネスシーンでも登場するようになりました。その中で各々が持つ価値観や能力を最大限発揮し、ビジネスでのニーズに応えるには、いろいろな能力を持った人々をつないで、よりよいパフォーマンスを出せる環境をつくれる人が必要になっているからです。

もっとも、何をもって「コミュニケーション能力」と評価するのかは難しいことです。というのも、コミュニケーション能力は、数値化できないからです。たとえば「挨拶できなかったからマイナス1点」といったように判断できるものでもなく、しかも、何を基準に測ったらいいのかもよくわからない。個人の能力を測る場合、ビジネスの評価としては、数字になって目に見えるものと、そうではないものがあります。コミュニケーション能力は、まさに目に見えないものの代表格といえるでしょう。

にもかかわらず、コミュニケーション能力は多くの会社で評価される能力になっています。

「ビジネススキルはあまりないが、話はすごくうまい人気者」と、「話はあまりうまくないが、ビジネススキルは高い人」のどちらが評価されるかといったら、前者のほうが評価が高いこともあり得ます。

あなたの職場でも「あいつはコミュニケーションができない」「もっとコミュニ

ケーション能力を磨いたほうがいいよ」という会話は日常的にあると思いますし、僕のまわりを見ても、「ちょっとコミュニケーション能力が足りないのでは？」という印象のある人は、ビジネスでも人間関係でも、なかなかうまくいかないことが多くあります。

僕は今、「収入を上げたい」「起業したい」「夢をかなえたい」という個人の希望を実現するためのコンサルタント業を仕事としてやっています。そこにはいろいろな人の夢や生活スタイル、まさに人それぞれの価値観があります。

日本中が「豊かになりたい」という目標に向かって突き進んでいた高度経済成長期であれば、そんなに価値観に違いがあったわけではありません。男性であれば基本的には仕事ができる人、極端な言い方をすれば、会社にいかに自分を捧げられるかで価値が決まるし、女性であれば、しっかりと家庭を守れる主婦であることに価値がある、というイメージです。

しかし、現代はそうではありません。仕事ができることはもちろん大切なことではありますが、人の価値はいろいろな面から測られ、社会からの要求も多種多様になっています。個人がひとりでこなせることにはどうしても限界があります。そうなると、さまざまなスキルや個性を持っている人をマッチングしたり、つなげたりすることは大きな価値があるのです。

インターネットが普及したことで価値観の多様化はさらに加速して、個人が輝く時代になってきました。時代の変化とともに、社会から求められるもの、企業から求められるもの、まわりの人が評価するものも変わってきています。

日本の企業でも「チーム」という言葉をよく耳にするようになりました。個人の独創性は大切ですが、個性・独創性をどうやって束ねていくか。それを実現するのがコミュニケーション能力なのです。

もうひとつ、単純だけれど大切な話が、1対1のコミュニケーション能力がないと生きづらさがあるのではないかということです。

僕は人生が楽しいか楽しくないかは、生きやすいか生きづらいかだと思っています。僕が起業したのは、会社員生活では生きづらかったからですが、同じように普通に会社勤めをしていて「楽しくないな」「生きづらいな」と感じている人は少なくないと思います。

会社員が辞める原因で多いのは、「人間関係がうまくいかないから」というデータがあります。厚生労働省が発表している、平成25、26年度の「過労死等の労災補償状況」では、精神障害の原因となった「出来事の類型」をグルーピングしています。そこで浮かび上がったストレスワースト5のナンバー1が「人間関係」です。データで示されている通り、本書を読んでいる方でも社内の人間関係に悩まれている方が多いのではないでしょうか？　もちろん職場環境がハードだったり、条件が合わなかったりして辞めるという人もいますが、転職経験のある人の中には、人間関係に疲れて会社を移りたかったという人も多くいます。

僕は一般社員、マネジメントしている上司という立場を問わず、この本を読むことによって、より良いコミュニケーション能力を身につけて、日々感じている生きづらさやストレスを少しでも軽減して、いい環境で幸せに生きていけるようになってほしいと思っています。

僕は起業する前、27歳で初めて就職して、3年半、リフォーム会社の営業マンをしていました。僕も最初から今のようなコミュニケーション能力があったわけではないので、上司の指示と僕自身の行動の食い違いによる摩擦や不毛な争いがありました。その結果残るのは、お互いの不信感です。

そういうことを乗り越えるために、僕はコミュニケーション能力に磨きをかけました。ちゃんとしたコミュニケーション能力が身につけば、人間関係は改善され、ギスギスした環境が緩やかになります。そうすれば、部署の売り上げや生産性も上がって、みんなが評価されるようになる。そしてみんなから「よいチームだね」と言ってもらえるようにもなります。

僕は今、多くのパートナーと仕事をしていますが、一緒にやっている仲間は「森さんって、会社員のときの上司ぐらいウザい」とは、感じていないと思います。というのも、そのような環境だったら、僕から多くの人が離れていき、起業3年後で月商7000万円という売り上げは実現できていなかったと思うからです。

本書の読者には、会社員、自営業の方、もしかしたら学生もいるかもしれません。日々、いろいろな人と接していれば、コミュニケーションの難しさを感じ、悩んでしまうこともあるでしょう。でもそんなことが続けば、毎日が生きづらくなるだけです。

ぜひみなさんには、本書で、コミュニケーション能力や信頼関係の築き方を身につけていただき、自分自身が楽しく、生きやすい人生を送ってほしいと思っています。

第１章

平凡だった人生が変わる たったひとつの能力《チカラ》

コミュニケーション能力の基礎を築いた「バー通い」

ここで少し、自分のことについて話をさせてください。

もしかしたら「コミュニケーション能力を生かして、起業後3年で月商7000万円の事業に取り組んでいる」という話をしたので、僕のことを子どものころからコミュニケーション能力が高く、誰とでも打ち解け、リーダーシップが取れるようなタイプの人間だと思ったかもしれませんが、実際はまったく違います。昔の自分は、まさに今の自分と正反対で、ひとりでいても平気な、コミュニケーションが苦手な子どもでした。

というのも、僕はもともとプライドがすごく高くて「自分が王様」でないと気が済まないタイプの人間でした。あえて人とコミュニケーションを取ろうとも思わなかったのです。

僕がこういう考え方になったのは、家庭環境の影響もあったかもしれません。僕の家は両親が不仲で、小さいころから父と母が口を利いているところをあまり見たことがありませんでした。たまに会話があると、それは喧嘩です。1年に数回しかない夫婦の会話が口喧嘩。もし僕が普通に家族の会話やコミュニケーションのある家庭に育っていたとしたら、僕自身ももっと人とコミュニケーションを取ろうとしたかもしれませんが、そのような環境では「自分のことは自分で決める」しかなかったのです。

中学の部活は、人とチームを組んで何かをすることにあまり気が進まなかったので、ひとりで黙々と練習していれば強くなれる柔道を選びました。それが性に合っていたのか、練習が楽しく、かなり熱心に柔道に取り組んだ結果、県大会も優秀な成績を修めるほどにまでなりました。こうなると、「自分は自分で良い」「ひとりでできることをしよう」といった思考になってしまうわけです。

中学卒業後、公立高校に進学したのですが、そこでは勉強に専念しました。正直、あまりレベルの高い高校ではなかったのですが、頑張った甲斐もあって立命館大学に現役合格できました。

「晴れて有名大学に入学できたし、彼女もつくって楽しい大学生活を送ろう！」と思っていたのですが、人生はなかなかそううまくいくものではありませんでした。今まで人とあまりコミュニケーションを取ってこなかったこともあって、特に女性とはうまく話せませんでした。相手が何を考えているかもわからないし、そもそも何を話せばいいのかもわからない。でも、やはり彼女は欲しいし、友だちもつくりたい。

そこで思いついたのが、ひとりでバーに行くことでした。「なぜいきなりバーなのか」と、ちょっと突飛に思われるかもしれませんね。理由はすごく単純で、僕が大好きな映画『007』シリーズで、ジェームズ・ボンドが言う名セリフ「マティーニを。ステアせずシェイクして」を自分もバーで言ってみたかったからです。そしてバーに行けば、否応なしに誰かと話さざるを得ない状況になります。それは誰かとコミュニケーションを取る練習にもなるのではないかと思ったのです。

さすがに未成年でバーに行ってマティーニを注文するわけにはいかないので、20歳を過ぎてから京都にある老舗のバーに通うようになりました。想像通り、お客さんの中で僕はダントツの年下。状況的にはかなり浮いていますが、「こんな若者が背伸びをして何をしに来ているんだ？」と思われたのでしょう。お客さんやバーテンダーさんからいろいろと話しかけられるようになり、そこで会話の方法を学ぶことができました。

何しろ、20歳そこその若造が、自分の親よりも年上で、しかも、社会的地位もありそうな人たちと話をするのですから、かなり気を遣います。

価値観もいろいろ違うだろうし、何を聞けば相手は喜ぶのか、どんな返事をすれば会話は続くのか、そもそも相手は何をしている人なのか、どうやって聞けばいいのかなど、わからないことだらけでしたが、次第にコツもつかみ、コミュニケーションを取れるようになってきました。

おそらくいろいろと失礼なこともしていたと思いますが、「まあ、子どもの言うことだから」と大目に見てもらっていたこともあったのでしょう。


バーでの会話から、僕は多くのことを学びました。

単純な「はい」「いいえ」という答えの裏には、実はたくさんの事情があること。人の行動の裏には何かしらの感情が伴っていること。人は案外見かけによらないことなど、今まで見たことのない世界がバーには広がっていたのです。

僕はバーで、人とコミュニケーションを取るには、言葉の奥にあるものを理解しないといけないと気づきました。

結局、バー通いは10年くらい続けていましたが、この体験は自分のコミュニケーション能力を格段に上げてくれました。

上場企業の就職を辞退してスロットのプロへ

そうこうしているうちに、社会に出るために僕は就活を始め、その結果、大手金融機関2社から内定をいただくことができました。普通だったら、これで就職を決めるところだと思いますが、僕は内定を辞退しました。というのも、お金に関する仕事よりも、バーでのいろいろな体験から、「もっと人間のことを深く知ることができる仕事をしてみたい」と思ったからです。

今思えば、金融の仕事もきっとそれなりにやりがいもあるし面白いものだっただろうと思います。

でも当時の僕は、どうしてもそこに納得できず、就職はやめて、臨床心理学を学ぶために大学院進学を目指して留年することにしました。しかし今思えば、本気ではなかったのか、大学院は不合格に。さすがに「どうしようか」と思いました。学生でもない。働いてお金を稼いでいるわけでもない。あまりにも中途半端な存在に、自分がなってしまったのです。

その結果、流れ着いたのが、プロのパチスロ打ち、いわゆるスロプロです。当たり前ですが、生活には何の保証もありません。まさにその日に勝てば浮くし、負ければ沈む。究極の日雇い労働でした。

とはいえ、会社のようにチームで何かに取り組むわけではなく、まさに自分の力量ひとつで勝負が決まるので、自分にとっては気が楽でした。バーでコミュニケーション能力を鍛えてはいたものの、「ほかの人と一緒に何かに取り組む」というのは、あまり自分には向いていないと感じていました。

ただ、あまりパチスロをやらない方は知らないかもしれませんが、実はスロプロにも、コミュニケーション能力があったほうがいいのです。

そもそもパチスロは偶発的な運もありますが、基本的にはロジックで勝ち切れてしまいます。優良なお店はたくさんのお客さんを呼び込むために「今日はこの台を出るようにする」と店側が〝当たり台〟を入れてきます。そういう台を取れるかどうかで基本的には勝負が決まります。

ですから「昨日はあの台が良い台だったため、今日はこの2台のどちらかが過去のデータ的に良さそうだ」「この1週間、連日続けて良い台が入っているので、今日は入る可能性は少ないだろう」などの情報をスロプロ仲間と交換するのです。そのときにもコミュニケーション能力があれば、スムーズに情報が取れるのです。

自分の持っているデータとカンだけで勝負していては、なかなか勝てない。スロプロは世間的にはなかなか認知されにくい職業だとは思いますが、案外、人のつながりは大切なのです。

話が少しそれました。

そんな風にしてスロプロとして暮らしていたわけですが、案外収入は多く、普通のサラリーマン並（同年代以上）には稼げていました。ですから当面の生活には困っていませんでしたが、何年かすると、さすがに「これでいいのだろうか」と思い始めました。

何しろ、日雇いのようなものなので収入は安定していません。僕はそれほど人の目を気にするほうではありませんが、社会的な立場としても微妙です。そして何より、将来の展望が見えない。これが一番重要でした。

当時、僕は26歳で、人生まだまだこれからという年齢です。そのようなときに、その日暮らしのようなスロプロをやっていていいのだろうか。これが、誰もが知っている大手企業の内定を蹴ってまで自分がやりたかったことなのだろうか。自問自答の末、僕はスロプロを卒業して、一般企業に就職することにしたのです。

27歳でとんでもないブラック企業に初就職

就職先は、従業員が２００名くらいの住宅リフォームの会社で、僕はそこで営業マンとして働くことになりました。「これでやっと一般的な社会人らしい生活が送れるかな」と喜んだのもつかの間、その会社の労働環境の厳しさに疑問を感じ始めました。社内の雰囲気があまりよくないというのもありましたが、何よりも不満だったのが、労働時間の長さと、それに見合わない給料の安さです。

休みは月に１、２回あるかないかで、直属の上司は１カ月４００時間労働を押し付けてくる。厚生労働省が定めた過労死ラインを２、３段階超えています（当時、過労死にいたる残業時間は80時間といわれていました）。そして給料は、年収３２０万円。賞与の分を考えると、月給は20万円程度です。一言でいえば、ブラック企業です。

このような環境なので、年齢的に転職もしやすい若手社員は愛想を尽かしてどんどん辞めてしまいます。そんなわけで、いつまで経っても最年少社員だった僕ですが、それでも、少しでも自分が働きやすい環境にできるようコミュニケーション能力を鍛えながら頑張っていました。

その甲斐あって、社内でも「森はできるやつだ」という評価をもらったりしていたのですが、あることをきっかけに、「この会社にこのままいるわけにはいかない」と考え始めました。そのきっかけとは、後に妻になる彼女との出会いです。

彼女と付き合い始め、僕は「絶対にこの人と結婚したい」と思いました。それは何よりも強い決意でした。「今すぐにでも結婚して一緒に暮らしたい」と思いましたが、その気持ちを鈍らせたのが会社での労働状況です。

休みがほとんどない、しかも給料が安いときたら、彼女と、これから増えていくであろう家族と、安心して暮らせる幸せな家庭を築けるだろうか。それが大きな不安だったのです。

先に述べたように、僕が育った家庭環境は、あまり幸せといえるものではありませんでした。夫婦仲が悪いだけでなく、僕が18歳のときに父は自己破産し、やがて両親は離婚……。そんな状況を見てきただけに、「自分はこんな風にはならない」と、誓っていたのです。妻とかわいい子どもたちに囲まれた幸せな家庭をつくる。それは僕の強い決意でした。

しかし、この会社にいて、そんなことが実現できるのだろうか。貧乏暮らしの上、時間がなくて夫婦はいつもすれ違い、ギスギスした関係になる……。容易に想像できる未来予想図でした。

でも、それでもどうしても彼女と結婚したい。一緒になって幸せな家庭をつくりたい。そのためには、もっとお金を稼げて、時間も自由になる仕事につく必要がある。そう考えた僕が出した結論は「起業」でした。

あるとき、僕は彼女に言いました。

「あと6カ月待ってほしい。6カ月経ったら、プロポーズするから」

こうして、僕は半年間で、彼女を幸せにできるくらいのお金を稼げる状況になるよう、自分を追い込んだのです。

起業に向けて、まず僕が始めたのが起業にあたっての師匠となるメンター探しです。いざ起業しようと思ったものの、自分のことを見渡したときに、何もないことに、はたと気づいたのです。

今までの経歴を考えると、一般的なビジネススキルはない。英語が得意なわけではないので、英会話のスキルもない。人より多少はコミュニケーション能力が高いとは思うものの、それを収入に反映させるためにはどんな方法があるのかわからない。

このように、「起業しよう」「彼女にプロポーズしよう」という決意は固めたものの、「自分には何もない」と気づいて愕然《がくぜん》としました。

「これは誰かに起業を学ばないとダメだ」

そう考えました。

僕はもともとプライドが高く、以前の自分だったら、人に頭を下げて何かを教わることはあり得ませんでした。もちろん起業を学ぼうと思ったときも、正直なところ最悪な気分でした。

いったい、なんで自分が人から教えを請わなくてはならないのか。納得できない気持ちではありましたが、それよりも、僕には達成すべき目標のほうがはるかに大きい存在でした。

半年後、お金を稼げるようになって彼女にプロポーズする。その目標を実現するためには、この方法しかない。

そう決意して、僕はあるメンターのもとを訪ねました。そしてそこから、僕の新しい人生がスタートしたのです。

長くなってしまいましたが、実は僕のこれまでの生き方には、コミュニケーション能力を高める上で重要なキーワードがいくつも入っています。ぜひそこを意識して本書を読み進めていただければと思います。

本章の最後に、メンターのもとで学んで、コミュニケーションについて気がついたことを2点あげておきます。

まず1点は、何かを始めようとするとき、すでに成功している人から学び、影響を受けることが非常に重要だということ。そのために、成功者と良好なコミュニケーションを取れるようにしておくべきです。

もう1点は、共感できる仲間がいたほうがいいということです。僕がメンターのもとを訪ねたとき、同じように起業を考えている人たちが何人かいました。お互い目標が同じなので、困ったことや相談したいことなどがあれば、気軽に話ができました。人間がひとりでできることは、案外限られているものです。誰かの助けを借りて進めたほうがよいこともたくさんあります。そんなときに、仲間の存在は非常に力強いです。彼らとは今でも付き合いがあり、良きライバルであり、戦友でもあります。

長々と書きましたが、第1章のタイトルにもあるように、大した能力もない僕が起業にチャレンジすることができ、人生を豊かにできた、それを伝えることができるようになったのは、コミュニケーション能力がついたからにほかなりません。コミュニケーション能力がつくことによって少しでも、小さくても良いから〝人生が変わった〟と思えるように本書を読んでいただければと思います。

では、今の僕をつくりあげた原動力であるコミュニケーション能力とは何か、次章で解説していきましょう。

第2章

99%の人が見逃しがちな
コミュニケーション準備編

以心伝心は嘘だ

以心伝心。

何も言わずとも相手に伝わるという、日本古来のコミュニケーション手段です。元は仏教に由来する言葉で、師の教えのような文字や形にできないものを、弟子が心で悟るという意味があるそうです。しかし僕は、コミュニケーションの手段として「以心伝心は嘘だ」と思っています。

僕たちは、テレパシー能力のある超能力者ではないし、まして悟りを開いたお釈迦様でもありません。普通に考えて、何か念じていれば相手に伝わるなんてあり得ません。

サッカーの試合などで、自分の次の動きを決める際に、まわりの選手と目で合図をする「アイコンタクト」というコミュニケーション手段はありますが、これは練習時に幾度となく綿密な会話と動きによるコミュニケーションを取って、選手間に信頼関係ができているからこそ成立するものです。

あなたが明日、会社で同僚や部下に何かやってほしいことが発生したとき、何も言わずに「これをやって、これをやって」と念じながら相手を見ていても、きっと何も起こりません。

むしろ、じっと見ている気配だけが感じ取られて、ちょっと気持ち悪い人と思われる可能性のほうが高いと思います。これでは、コミュニケーション以前の問題です。

あるいは上司が売上目標を説明することなく、また部下に特に指示もせず、売上向上を念じながらじっと部内に睨みをきかせていても、おそらく売り上げが伸びることはないでしょう。

「あの部長、いったい何を考えてるんだ？」と疑心暗鬼が広がるだけです。

コミュニケーションとは、互いの間に信頼関係があって成立するものです。自分の思いはちゃんと伝えなければ形にならないし、人を動かすことはできません。何を考えているのかわからない人を信頼したいとは思わないし、ましてその人のために行動しようという気持ちには、まったくならないと思います。

コミュニケーションの方法としては、以心伝心のように「察してよ」ではなく、自分の考えや気持ちをちゃんと日々の接触のなかで具体的に伝えていくことが大切です。接触というのは、言葉や行動、身体の動きなど実際に業務を進めるなかで発生していくものですが、そのような接触があって初めてコミュニケーションが成立し、その結果、信頼が生まれていくのです。

言葉も発せず、行動もせずに何かが相手に伝わるということはあり得ません。僕たちのような普通の人間にとっては、コミュニケーションの手段を以心伝心に頼っていては自分の価値が落ちていくだけではないかと思います。

とはいっても、人と話をすることが苦手な方も多いと思いますので、まずは目標として〝最低1日○人の同僚と○○分話をする〟ことを決めてみてはいかがでしょうか？　会話の内容は何でも構いません。業務的な話でも雑談でも良いので、話をする基盤をつくるのは重要です。意識的にやるといっても曖昧になりがちなので、数字に落とし込んでやってみるのがやりやすいです。出社前に○人の同僚を思い浮かべてテーマを決めておくとより良いと思います。

CHECK POINT

具体的に思いを伝える（言葉、文章）、発声する

24 時間鏡で映った自分を見よう

言葉や行動で他人に何かを伝えようとするときに重要なのが、「相手から自分がど

う見えているのか＝第三者的視点」です。
僕が見てきた限りでは、コミュニケーション能力がない人の特徴のひとつが「自分がほかの人からどう見られているか、他人がどう感じているかまったく気にしないこと」です。

「相手からどう見えるか」を考えるというのは、いわゆる「空気を読む」とは違います。

空気を読むのは、どちらかといえば自分は遠慮してほかの人を立てることですが、ここでいう「相手からどう見えるか」とは、自分の言いたいことや要求を相手にうまく伝えるためにすることです。
いわば「空気を読む」の正反対の発想です。

あまり鏡を見ず、自分が今ダサいのかカッコいいのか、清潔感があるのか不潔な雰囲気があるのか、今の表情が曇っているのかどうなのかといったことに関心がない。

これはコミュニケーション能力がないということだと思います。

なぜ相手の視線に立つことが重要かといえば、人は、同じことを言われるにしても、どんな人にそれを言われたかで受ける印象がまったく違うからです。

それこそ、コミュニケーションが成立するか否かの分かれ道にもなります。

たとえば、Ａｐｐｌｅの創業者、スティーブ・ジョブズのスタンフォード大学の卒業式でのスピーチは「ハングリーであれ、愚か者であれ」という名言を残すほど有名になったものですが、同じことを、駅で酔っ払ったおじさんが叫んでいたらどう思うでしょうか。

きっと「何を言ってるんだ、この人？」という反応になり、聞く耳を持つ人は、まずいないでしょう。

あるいはバッティングセンターでたまたまイチローに会い、「今、肘《ひじ》下がってるから」と言われたら、真剣にフォームの修正に取り組むでしょうが、隣の打席で空振りばかりしているおじさんに「今の肘の下がりはないな。もう3センチ上げて」と言われても、「まず自分のことを何とかしろ」と思い、誰も相手にしないでしょう。

どちらも正しいことを言っているにもかかわらず、おじさんのアドバイスでは、誰も行動しないわけです。

コミュニケーションを取ろうとしたとき、相手にとって、「何を言われたのか」と同じくらいに、「どんな人に言われたか」は重要なのです。

当たり前ですが、誰もがジョブズやイチローである必要はありませんし、そもそもそんな存在にはなれません。

「自分はこういう人間である」と、身なりや表情で相手に理解してもらい、共感されれば、それでいいのです。

その意味では「ボロは着てても心は錦」という言葉が昔の歌の歌詞にありますが、これも「以心伝心」同様、通用しない話だと僕は思っています。

「ボロは着てても心は錦」だと思っているのは自分だけで、周囲の人はそうは思ってくれません。あまりにもボロボロの服を着ていたら、どこかのカフェで打ち合わせしようとしても入店すらできないかもしれません。そのような人に「コミュニケーションとは」と説かれても、首をかしげてしまうのではないでしょうか。
「こういう人ならコミュニケーションしてみたいな」と思われるためには、それなりのものが必要になるわけです。

たとえば重要なプレゼンの日、クライアントの前に出るのに、スーツは大きめで体に合っていなくて、しかもネクタイが曲がっていたりしたら、どんなにいい提案だったとしても「この会社の提案を受けて大丈夫かな？」と不安になるかもしれません。それでは信頼関係はつくりにくいでしょう。

相手から、自分はどのように見えているのか。この視点を忘れず、外見や言動に注意することがコミュニケーション能力を高める第一歩です。

CHECK POINT

服装、身なり、相手からどう見られているか、第三者的視点

トップレベルに極める力より一人ひとりをつなげる力

冒頭でもお伝えしたように、今必要とされるコミュニケーション能力とは、人と人をつなぐ、人と自分をつなぐことができる能力です。それはつまり、人脈を構築し、それを活用できる力でもあります。

まず基本的な事実として、個人がひとりでできることには、すぐ限界が来ます。料理人で考えたら「自分は今、和食の職人ですが、すでに和食は極めました。その前にはフレンチを極めました、そして中華料理も極めました。ほぼするべきことが終わってしまったので、次は蕎麦でも打とうと思っています」という人はいないでしょう。

これはビジネスでも同じです。

従業員が何千人もいるような大企業で、営業成績はトップ、事務をやると一番速く仕事をこなし、経理をやれば最も正確……という、スーパーマンのような社員はまずいないでしょうし、すべての分野でトップでいられるべく努力をする必要もない。もっといえば、すべての分野をそつなくこなす社員になる必要もないと思います。

求められるのは、優秀な人をつないで成果を出す仕組みをつくれる、コミュニケーション能力のある人です。

たとえば僕自身、会社を経営していて、こと経営という点についていえば自分より優秀な人はたくさんいると感じています。僕より専門性が高くて営業ができ、集客力も企画力もある。キャッシュや税務に詳しい人もたくさんいる。でも、彼らは僕ほど売り上げが高いわけではありません。なぜか。

そこに僕のコミュニケーション能力という強みがあるからです。

今は専門性が重視される時代です。いろいろなことをそこそこできるゼネラリストではなく、特別で専門性の高いスペシャリストが求められる時代なわけです。そうであれば、会社としてはニッチナンバーワンな人とつながったり、うまくコミュニケーションを取って円滑に仕事を進めたりするほうが売り上げが伸びる。それがまさに、僕がやっていることです。

そういう人脈を得て、よりよく生きていこうと思ったら、努力とスキルが必要です。テレビやネットで流れている、誰でも知っているような情報にだけ接していても、貴重な人脈にはたどり着きません。

僕は食べることが大好きなので、お店探しにたとえると、みんなが知っているいいお店というのは、確かにそこそこいいお店でしょう。料理もおいしく、雰囲気もいい。そして値段も手頃。そういうお店は「いいお店」ではありますが、もっと特別な「貴重なお店」とはちょっと違うと思っています。

たとえば本当に重要なビジネスの相手と会食するとき。僕はネットなどにはほとんど出てこない、本当の意味での隠れ家的なお店を使います。料理がおいしいのはもちろんですが、何よりもその雰囲気、佇まいが素晴らしい。一緒に行った誰もが喜んでくれます。

しかも、言ってみれば、選ばれた人しか知らない店なわけです。特別感がありますよね。実はこのお店のことも、ある人脈を通じて知ることができたのですが、このように、本当にいい情報というのは人を通じて流れてくるものです。

人脈の構築力がないと、いい情報は手に入れられなくなっている。インターネットに情報があふれる現代は、そういう時代になっているのです。

「そんな食事や遊びの情報なんて、仕事の人脈づくりには関係ないよ」と思うかもしれませんが、そんなことはありません。ジャンルにかかわらず有益な情報を得られる人脈を持っている人は（「自分は遊びにしか興味がない」というちょっと困った人は別として）、ビジネスでも同様に人脈をつくれる人です。

そして、個人の間でそのような人脈を築ける人間が、会社にはどうしても必要です。たとえば新規のクライアントを取ってくるにも、お付き合いの始まりは企業間の信頼というよりも、社員同士に付き合いがあったからというケースが少なくありません。

実際僕は、約30の事業をやっていて、パートナーは300人以上います。これは、僕の会社に信頼があって集まってきているというわけでありません。むしろ僕が個人で関係をつくり、一緒にビジネスを始めたという流れです。

このように、僕は人脈を構築し、信頼関係を築くことでオーナーとして事業を進めているわけです。これは、僕が起業家だからというわけではなく、企業で働くビジネスマンにとっても同じことだと思います。

あなたが新製品のプロジェクトを任されたとします。その新製品をどうやって世に送り出すか、方法はせいぜい3つくらいしかありません。
「自分たちでつくる」か、「ほかの組織あるいは個人と一緒につくる」か、あるいは「どこかで商品を購入して売る」かです。

その3択のうち、自分たちでやるのは大変なことだし、そもそものノウハウをどこから持ってくるのか考えることから始めなくてはいけません。あるいは、どこから仕入れてくるのでは、目先のお金を稼げても自社にノウハウはたまらず、最終的には自社の資産になりません。そう考えると、自分たちより知識のある外部パートナーと組んで、新しいものを生み出すことが一番理想的なわけです。そしてそのために必要なのが、コミュニケーション能力なのです。

何かのプロジェクトをするときに、「この分野だったらこの人、その分野についてはこちらの人が詳しい」と集められる人脈を持っていることが大きな価値を生み出すわけです。

繰り返しになりますが、本当のプロ、スペシャリストを何人も知っていて、かつ自分の目標のために彼らを集め、つなぐことができる。そういう能力に長《た》けている人が、企業からも求められているのです。

そしてそのような人脈を維持していくためには、特に用事はなくても定期的に連絡を取り合っていくこと。何か、自分のメリットになりそうなときにだけ声をかけていては、価値のある人脈をつくることはできないと思います。

CHECK POINT

個人の力には限界がある、スペシャリストが求められる時代、有益な人脈は有益な仕事になる、人と人をつなげるプロが強い

コミュニケーション能力があれば何でもできる

僕はコミュニケーション能力は、世間を渡っていく上で万能かつ最強のスキルだと思っています。また、コミュニケーション能力さえあれば、どんな苦難もいつの間にか乗り越えられる、そうも思っています。

ビジネスの現場の話とはちょっとずれますが、コミュニケーション能力の有無が明暗を分けるのが、海外旅行です。

もし、現地の言葉が話せない国に、ひとりで行かなくてはならなくなったとして「自分には、言葉も通じない人としゃべるなんてムリ！　ネットで情報を得て、何とかする」なんて言っていたら、できることにすぐ限界が来ると思います。そもそも、ネットが接続できなかったらどうするのでしょうか。

それより、知らない土地で、言葉も適当でムチャクチャかもしれないけれど、陽気に「ハーイ!」とか言いながら現地の人と仲よくなったほうが、絶対に楽しい思いができるでしょう。

昔、僕が読んだ本に、まさにコミュニケーション能力の塊のような人の話がありました。

その人は脱サラして、インドネシアに自分探しの旅に出たのです。

日本円でそこそこの額の貯金があれば、当時の通貨レートを考えたら、結構楽しめたのだろうと思います。その人も現地の人と毎晩お酒を飲んで、バカ騒ぎをしていたそうです。

現地の人からしたら、お金持ちで陽気な日本人がお金を貸してくれる。それでうまい酒が飲めるとなれば、それは仲良くならなくちゃ損ということで、彼はたちまち人気者になりました。

とはいえ、収入もないのにお金を遣っていれば、当然なくなっていきます。さすがにそろそろ、お金を返してもらおうとなるわけですが、ここからがコミュニケーション能力の見せどころです。この場合でいえば、どれだけ現地の人と仲良くなれたかにかかってくるのです。

ある現地の人がこう言いました。

「お金を返したいけど、今はお金がない。でもお前はいいやつだから、何かでお返しをしたい」と、自分が持っている土地をくれたそうなんです。

それが彼のサクセスストーリーの始まりでした。

同じように土地を持っている人たちから土地をもらって、本当に自分自身もお金がなくなってさあどうしようというとき、「あ、俺、土地持ってたわ」と気づいたそうなのです。なんと、もらったときには二束三文だったような土地が、不動産開発の影響を受けてなのかとんでもない値段がついていて、「もしかしたら、不動産で儲かるんじゃないか」と思ったそうです。

そこで、不動産を売ったお金を原資にして新たに不動産を購入し、付加価値をつけたり、値上がりするまで待っていたりを繰り返し、今では従業員5000人以上、31社を経営する敏腕経営者としてインドネシアで大成功を収めたのです。

この話を聞いてあなたはどう思いますか？

彼の成功には、いろいろな偶然が重なったのは事実です。お金を貸した人がたまたま土地を持っていたり、開発ブームに乗ってその土地が高騰したり……。

ただ、その根本にあるのは、彼に卓越したコミュニケーション能力があったことです。

考えてもみてください。

彼がもしも、インドネシアに来たけれど、言葉がわからないからとずっとひとりでパソコンに向かっている人だったとしたら。誰とも口をきかず、ひたすらネットで情報を集めているような人だったら。

いくらお金を貸してくれるからといっても、一緒にお酒を飲もうと思いますか？

あるいは一緒に飲んだとしても、借金のカタに自分の土地を差し出そうと思いますか？

そんな、お金は持っているけど得体のしれない日本人には、誰も心を開こうと思わないでしょう。

出発点は、コミュニケーション能力なのです。コミュニケーション能力がなかったら、何ひとつ実現せず、彼は失意のうちに日本に帰国するか、あるいはインドネシアで悲惨な生活を送ることになっていたかもしれません。

いわば、彼のコミュニケーション能力が彼自身を救ったわけです。

コミュニケーション能力があれば何でもできると、お伝えしました。

もうひとつ、付け加えます。

コミュニケーション能力は、すべての行動の出発点です。コミュニケーション能力があれば、誰でもスタートラインに立てるのです。


誰とでも仲良くなれるというコミュニケーション能力は、生きていく上で最強のスキルだと思います。初めての土地で飲み屋にひとりで行って、すぐに隣のお客さんと仲良くなれる人が、あなたのまわりにもひとりくらいはいると思います。

まるで昔からの知り合いのように盛り上がり、楽しそうにお酒を飲んでいる。そういう人はネットには出てこない、地元の人しか知らないような隠れ家的な名店を教えてもらえたり、面白い場所に連れて行ってもらえたりと、何かと得をすることが多いと思います。

つまり、人と仲良くなれるだけで、そういうスキルのない人と比べて数段楽しい日々が送れるわけです。

もちろん誰とでも仲良くなれることのメリットは、さらにあります。自分よりも優れた人と仲良くなれれば、その人と一緒にいることで、自分も自然と向上していけるのです。

仲良くできるということは、相手に共感できる、相手の考えに同調できるということ。その結果、優れた人と一緒にいることで自分の考え方や行動がワンランク（あるいはもっと）上の人に近づいていくのです。

だから、今はどんなに仕事ができない人であっても、抜群に仕事ができる人と仲良くなったら、いつの間にか仕事ができるようになります。

たとえば、「起業したてで自分が何をしていいのかわからない」という人がいたら、すぐに僕のところに来てほしいですね。そして僕と仲良くなれば、きっと成果を出せるようになると思います。

人は、自分が思っているよりも他人から影響を受けやすいものです。自分よりすごい人と仲良くなって、その影響を受けていれば、それはいいことだらけというのは想像がつくでしょう。

ただ、そんなふうにいろいろな人と気兼ねなく仲良くなれる人は、そんなにいません。実は人と仲良くなるスキルは、一般的な能力ではないと思います。というより、むしろ人と仲良くなることに苦手意識を持っている人のほうが多いのではないかと思います。

本当はみんな、もっといろいろな人と知り合いたい、優れた人と仲良くなっていい影響を受けたいと思っているのではないでしょうか。そういった苦手意識をなくし、コミュニケーション能力を高め、自分が生きたいように生きるためにはどうしたらいいのか。ぜひ本書を読んで実践してほしいと思います。

CHECK POINT

コミュニケーションスキル＝万能かつ最強、出発点に立ち、人からいい影響を受けることで自己成長につながる

みんなに愛される〝人たらし〟になろう

ところで、人と仲良くなれる人にはどのような特徴があるのでしょうか。自分の身近にいる、そういうタイプの人を思い出してみてください。その人と話していると、なんとなくいい気分になってくることが多いと思いませんか？　言うなれば〝人たらし〟タイプの人のことです。

これは、その人の話が面白いこともありますが、仲良くなれるスキルのある人は2つのことに優れています。①人のいいところを見つけることができる。②その人が話したくなるようなことを聞き出したりするのが上手。この2つに優れています。

「この人は、自分のことをわかってくれている、興味を持ってくれている」と思えば、誰だって悪い気はしません。

初対面でいきなり「君が着てるその服、ダサいよ！」なんていう人と話をしたいとは思わないでしょう。

悪いところ、気になるところを見つけ出すより、いいところを見ているほうがお互い気分がいいのは当然です。

どうしても、「そんな簡単に人のいいところを見つけてほめるなんて自分にはムリ」と思うなら、興味を持ったことを聞いてみればいいでしょう。

たとえば、知り合った人がエレベーターのメンテナンス会社の人だったとしましょう。たまにビルのエレベーターがメンテナンス中で使えないことがありますが、そういう仕事をしている会社の人です。

僕だったら、いったいどんな仕事なのか、すごく興味があります。

メンテナンスをしているとき怖くないのか（超高層ビルのエレベーターの屋根に乗って下を見たら……）、何ですぐ来るエレベーターとなかなか来ないエレベーターがあるのか、エレベーターのワイヤーが切れたらどうなるのか。そして、そもそも何でエレベーターのメンテナンスをしようと思ったのか、その人自身についてもいろいろと聞いてみたいです。

ちなみに、しっかりとメンテナンスされているエレベーターは、ピタリと出口と同じ高さで停止するそうです。逆にいえば、エレベーターを降りるときに段差が感じられるようであれば、そのエレベーターは危険なので乗らないほうがいいのだそうです。

まあこれは余談ですが、このように自分の体験していないこと、知らないことをしている人に、ものすごく興味が湧いてきます。

「自分は人間嫌いです」という人は、もともと本書を手にしてはいないような気もしますが、**「人に興味・関心を持つ」**というのはコミュニケーション能力を高めるためには必須の条件です。もっとも、人間に興味も何もなかったらコミュニケーションを取ろうとも思わないですよね。

「なんでこの人こうなんだろう」「どうしてこんなことをしているんだろう」という、他人の考えや感情、育ってきたバックボーンなどに、ぜひ関心をもってほしいと思います。

そもそも、コミュニケーションの目的は、人に何かを伝え、そして人に何かの行動を起こしてもらうことです。そして、後にもお伝えしますが、僕は人間の行動の裏側には必ず何らかの感情があると思っています。だから、何か人に行動をしてもらいたいと思ったら、その人の感情を動かさなくてはならないのです。相手の感情に無関心な人に、相手に行動を起こさせることはできません。

その意味でも、人とコミュニケーションを取ろうと思うのであれば**「人間に関心を持つこと」**は最低条件なわけです。

ぜひいろいろな人に興味関心を持って、コミュニケーション能力を高めていってほしいと思います。

CHECK POINT

①人のいいところを見つける。②うまく興味のあることを聞き出せる「人に興味・関心を持つ」

第3章

最高のコミュニケーション力を手に入れる STEP1

気づけば距離が0になる
理想の人間関係づくり

知らない相手100人と話をする

本書を手にとっているみなさんは、「ビジネスで成功したい」「成果を出したい」と考え、そのためにコミュニケーション能力を身につけたいと思っているのでしょう。

そこで、ここからは、僕が実践してきたコミュニケーション能力を高める方法をご紹介します。

これは、自分はもちろん、現在一緒にビジネスに取り組んでいる仲間たちも実践して、コミュニケーション能力を向上させてきたノウハウです。いきなり全部は難しくても、できるところから始めてください。少しずつでも変わっていく自分を実感できるでしょう。

さて、コミュニケーション能力を高めるための練習のひとつに「100人の話を聞いて、それに対して臨機応変に返答できるようにすること」があります。

この場合の「100人」というのは、普段から自分の周囲にいる人たちのことではありません。相手のことをほぼ、あるいはまったく知らないというレベルの人たちのことです。

そういう人たちと話をしてみると、初めて聞く話も多く、正直なところ何を言っているのかよくわからないこともあるでしょう。

自分の考えとまったく違うことや興味のないことを延々と話されて、ちょっとうんざりしてしまうこともあるかもしれません。

でも、それでいいのです。

これは、相手の話から何かを得ることが目的ではなく（もちろん、得られるものがあったとしたら、それはそれで嬉しいものですが）、あくまでもコミュニケーション能力を高めるための訓練だからです。相手の話に興味があってもなくてもいいのです。

大切なのは、

・相手の話に対して自分がどのように反応しているか？
・その反応を受けて相手がどのように変化していくかを探っているか？
・どのような反応をしたら相手がより喜んでくれるか、満足してくれるか？

を確認することです。

僕がコミュニケーション能力を高めるためにバーに通っていたことはお伝えしましたが、バーには本当にいろいろな人がいました。

いかにも経営者然とした壮年の男性、ちょっと良さげなスーツを着たビジネスマン風の男性、少し訳ありげな、ひとりで飲みに来ている年齢不詳の女性、何をしているのかよくわからない若者（自分のことです）。

実際、価値観もバラバラだし、話す内容も百人百様。もちろん、反応するポイントだって人によって違います。

これだけ多様な人たちの心をつかむにはどうしたらいいのかを考え、それを実践していく。これはコミュニケーション能力を鍛えるための最強のトレーニングだと思います。

ちなみに、このスキルが最も有効なのは営業マンです。特に、扱っている商材が一般的なもので、飛び込み営業もかけなければならないような人の場合には、このスキルは必須でしょう。

なりふり構わず営業をかけていかなければ、とてもノルマは達成できません。でも、ピンポンしたドアの向こうにいるのは、どこの誰だかわからないのです。その人たちに対して話をしながら、しかも自分の商品を売り込まなくてはならないのですから、絶えず相手の反応を見ながら、自分の対応を変えていく必要があります。

そのためにも、たくさんの人に会って、正直なところ自分にはよくわからない内容であっても、相手をいい気分にさせながら話を聞くのが重要なのです。

また、この訓練は、人間に対するカンも鍛えてくれます。不特定多数の人と会って話をすると、目線、ファッション、髪型といった外見から、視線や抑揚などの態度、そして身振り手振りといったボディーランゲージなどまで、何がコミュニケーションにとって重要なのか、つかめてきます。

具体的な項目を挙げていくと僕が気をつけて観察していたのが、①服装、②髪型、③靴、④時計などの装飾品、⑤年齢、⑥声のトーン、⑦話すスピード、⑧身振り手振り、⑨注文の内容、⑩会話の内容などの項目になります。100人以上の人と会って話すとその共通点が出てきます。サラリーマンの共通点。経営者の方の共通点。嘘つきの共通点などです。

そして、それらを駆使してコミュニケーションを取っていくなかで、「この人の言うことはうさんくさい」とか、「この人は危険だ」など、外見だけではわからないカンもはたらくようになり、いざというときに危険から回避できるようにもなります。コミュニケーションの経験値が低くては、そのようなこともできません。

コミュニケーション能力を向上させる面からも、対人関係のリスク管理という面からも、多くの人の話を聞くというトレーニングは有効です。

最初のうちは、声をかけるのも話を聞くのも緊張して、表情がこわばったりしてしまうかもしれませんが、大丈夫。相手に興味を持って話を聞くことに慣れてくれば、ぎこちない対応もなくなり、見知らぬ相手とのコミュニケーションが楽しくなってくるでしょう。特に、バーや居酒屋などでお酒の力を借りれば気も大きくなっているはず。コミュニケーション能力を高める第一歩として、「知らない100人の話を聞く」を実践してみてください。

最後に、相手の気分をよくするためのちょっとしたコツをご紹介しましょう。

僕はバーで隣り合った男性に声をかけるとき、たいていの場合2、3回目の質問で「経営者の方ですか?」と、まず聞きます。もし相手が普通のサラリーマンだったら、「自分はそんな風に見えるのか」と思って嬉しい気分になるだろうし、本当の経営者だったら「よくわかりましたね」となります。そのとき、なんで経営者と思ったのか、着ているスーツや持ち物でもいいし、立ち居振る舞いでもいいので、相手の心をくすぐるようなことも言ってみてください。

ほとんどの人は、気分良くいろいろなことを話してくれるようになります。「こんな人、絶対経営者じゃないな……」と思っても、「経営者の方ですか？」と声をかけてみてください。きっと、少しの戸惑いのあと、照れたように「いやー、違いますよ。しがないサラリーマンで……」となり、自然とコミュニケーションが取れるようになると思います。

1万時間話をする・話を聞く

「1万時間の法則」という言葉を聞いたことがあるでしょうか。これは、米国のジャーナリスト、マルコム・グラッドウェル氏が書いたベストセラー『天才！　成功する人々の法則』（講談社）で明らかにされたもので、ある分野において「天才」と呼ばれる人の共通点は何かと調べたところ、その分野での練習時間が1万時間を超えていたというものです。

逆の言い方をすれば、1万時間の練習をすれば、その分野での天才……とまではいかなくても、卓越したスキルを身につけられるのです。

ではこの話をコミュニケーション能力の向上に当てはめて考えるとどうなるでしょうか。

僕は、最も有効なコミュニケーション手段は対面で話すことだと思っているので、対面で1万時間話をすれば、コミュニケーション能力についてはプロレベル並みに鍛えられていると思います（ちなみに、この場合の「話をする」というのは「おしゃべりをする」ことではありません。念のため）。

僕の場合、会議や打ち合わせなどの仕事だけではなく、家でも何だかんだと妻相手に話し続けているので、1日あたり最低14時間は人と会話をしています。1年365日、来る日も来る日も14時間、しゃべり続けています。これを掛け算すると5110時間。

僕が今の事業を始めておよそ3年になるので、3倍して1万5330時間。これだけの時間、話し続けていることになります。仮に、このうちの半分は人の話を聞いている時間だとしても、約8000時間ずつ人と話をしているか、あるいは人の話を聞いていているわけです。

これだけでは話すほうも聞くほうも1万時間に満たないのですが、リフォーム会社で営業をやっていた時間、さらに、バーで知らない人と話した時間やそれまで生活してきた時間を考えれば、話をした時間、聞いている時間ともに、1万時間は絶対に超えていると思います。

人に話をする、人の話を聞くというのはコミュニケーションの基本です。何かの道で卓越したスキルを体得するために必要な時間が1万時間なのだとしたら、自分で言うのもおこがましいですが、僕はコミュニケーションの分野では卓越したスキルを持っていることになります。実際、月商7000万円というビジネスでの成功が、それを裏付けているのではないかと思います。

もちろん、自分がどんな仕事をしているかによっても、話す時間や聞く時間は違ってきます。僕はコンサルタントという仕事柄、人と接する時間が長いのでこのような結果になっていますが、経理やシステムの仕事をしている人が僕と同じように人と話す時間をつくるのは、実際には難しいでしょう。

そのような場合でもまず、自分のスケジュールを見て、仕事中、就業後を問わず、どれくらい人とコミュニケーションを取れる時間があるかを確認してみてください。

仕事中であれば、息抜きをしたくなったらオフィスのリフレッシュスペースなどに行って、そこにいる誰かに話しかけてみることができるでしょう。

また就業後であれば、バーや居酒屋に寄って隣の人に話しかけてみるもよし、あるいはイベントやセミナーに参加して、周囲の会話に混ぜてもらうなど、いろいろと方法はあるはずです。

人との会話は、コミュニケーション能力を身につけるための第一歩といっても過言ではありません。ぜひ、1万時間を目指して、話す時間・聞く時間をつくってほしいと思います。

1年に1回の高級ディナーより365日の挨拶

僕は、コミュニケーション能力があったほうが、人生は絶対によりよいものになると思います。仕事も恋愛もうまくいくし、たとえ苦手な上司とでも、少なくともビジネス上では良好な関係をつくれるでしょう。

人間関係がうまくいかないためにストレスを抱え込んでいては、心身ともに悪影響が出ます。そしてその悪影響は、公私を問わず、いろいろな局面で負のスパイラルを引き起こします。

では、どのようにしたらよい人間関係をつくれるか。そのためにはまず、コミュニケーションを取りたい相手との接触頻度を上げることです。

周囲の人たちから信頼されるかどうかは、コミュニケーションの総量で決まります。三河屋商法と呼ばれる御用聞きが「何か足りないものはありませんか」と、毎日顔を出すのは、顧客とのやりとりを増やすためです。毎日顔を出すから信頼され、注文が取れるようになるのです。人は接触する回数が増えるほど相手への好意も信頼も高まります。これは「接触理論」と呼ばれるもので、テキサス・クリスチャン大学のドナ・デスフォーゲスの研究で「嫌いな人だとしてもやりとりをした後には、偏見や差別の心が減る」ことが確認されています。接触が少ないと「何を考えてるかわからない」と思われ、逆に多いと信頼されるということです。

たとえば、1年に1回だけあなたに豪華な食事を奢《おご》ってくれる社長と、毎日頻繁に職場を歩き回り、役職など無関係に気軽に「最近どう？」など、いつも声をかけてくれる社長がいたとしたら、あなたはどちらの社長に親しみを感じ、「この社長のために頑張ろう！」と思うでしょうか。

おそらく、普段から社員とコミュニケーションを取っている社長ではないでしょうか。

もともと社長というのは会社内で一番偉い人ですから、あまり話をしたことがないというのは珍しいことではないと思います。

そんな社長が、自分が仕事をしているところによく来てくれたり、仲間同士でご飯を食べてるところに来たりと、密にコミュニケーションを取ってくれたら、これは嬉しいのではないでしょうか。

接触頻度が高ければ、相手は「この人は自分のことを大切に考えてくれている」と感じ、信頼関係を築きやすくなってくるのです。

何十年も続いている強い信頼関係で結ばれた間柄となれば話は別かもしれませんが、通常のビジネスの現場で人間関係を構築するには、接触頻度が大きく影響するものと考えてください。

では、接触頻度を高めるにはどうするか。

職場であれば、一番手軽にできるのがランチを一緒に食べたり、帰りに軽く飲みに行ったりするといいでしょう。毎日顔を合わせている同僚や先輩・後輩であっても、特に話をしなければコミュニケーションを取っていることになりません。

勇気を出して、「ちょっとわからないことがあるので、教えてほしい」「相談にのってほしいことがある」などと誘ってみましょう。それをきっかけにして、より密なコミュニケーションを図っていくわけです。

また、相手と話す回数を今の3倍に増やすことを目標にしてみてはどうでしょう。雑談でも何でも構いません。メールやSNSで、仕事以外でも毎日コミュニケーションを図ってみるなどして、接触頻度を高めるのです。

コミュニケーションが取れない人の特徴として「自分から連絡したらうるさがられないだろうか」「こんなに何度も連絡していいのだろうか」と心配をしがちということがあります。

そんな心配は無用です。

そもそも積極的に連絡を取らなければコミュニケーションも成立しません。人間関係をつくりたいと思っている同僚や部下に対して、遠慮することはありません。

今まで1通もメールも送ったことがない、電話で話したこともないという場合なら、3日に1回くらい電話をしてみる、メールを送ってみるなどのコミュニケーションから始めることをおすすめします。相手からしたら特に違和感のない頻度で、コミュニケーションが始まると思います。

10分の3で好きなことを一緒に楽しむ

前にお伝えした「人間に興味を持つ」と関連しますが、相手が興味を持っていることを一緒に楽しむことも接触頻度を上げる、もしくは接触するための機会をつくるには有効です。もちろん極端にレアな趣味すぎてさすがについていけないということもあるかもしれませんが、一般的な事柄であれば、一緒に楽しむのは難しいことではありません。

たとえばファッション。かたや全身ユニクロのAさん、かたや全身セレクトショップの服で身を包んだBさんが一緒に歩いていたとします。そのとき、Bさんが「今日これビームスで買ってきたんだよね」と言ったら、どういう会話が展開されると思いますか？

Aさんが「自分はユニクロしか着ないんです。ファッションには疎《うと》いんで」という返事をしてしまったのでは、コミュニケーションの成立は難しいかもしれません。

そうではなく、もし本当にファッションに疎くても「ビームスって何ですか？　僕ファッションが苦手で。今度そのお店に連れていってくださいよ」とは言えるでしょう。たとえファッションに興味がなくても、そこでコミュニケーションが成立するわけです。

自分には関心のないことであっても、コミュニケーションを成立させるために相手の価値観に自分を合わせて、1回は相手の興味のあることをやってみましょう。

ただここで気をつけなくてはいけないのは、ストレスを溜めてまで何回も相手に合わせる必要はないということです。

その場での心境を考えると、「話を聞く限り面白そうだから、1回付き合って行ってみてもいいかな」という気持ちになっているかもしれませんが、それで面白くなかったり、どうしても興味の持てなかったりすることだったら、もう行く必要はないでしょう。

自分に合わないこと、嫌なことを続けるために一緒にどこかに行ったり、何かをするわけではありません。あくまでもコミュニケーション能力を向上させるのが目的なので、自分に合わない趣味を増やしても意味がないし、ストレスが溜まるだけです。

ただ、もし相手がどうしてもコミュニケーションを取りたい人だったとしたら、相手が好きなことを10個ほどあげてもらい、そのうちの6個くらいを一緒に試してみるというのも手です。そのうち3個くらい共通の話題が残ったらいいのではないかと思います。食べること、旅行、ファッション、カフェ、ラグジュアリー、お酒、ブランド、ホテル、音楽、映画……。人が関心を持つことはいろいろあります。特に食べることや旅行が好きな人は多いですから、一緒に楽しむには適していると思います。

旅行は最強のコミュニケーションツール

相手と一緒に楽しむという点では、旅行は最もよい手段ではないかと思います。どんなに旅慣れている人だとしても、やはり旅先に来れば日常とは変わります。そういう、普段のストレスやしがらみのない場所であれば、コミュニケーションは取りやすくなるのです。

実際、僕はビジネスのパートナーと、国内外を問わずよく旅行に行きます。

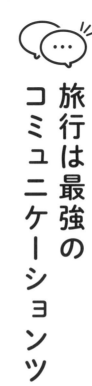

先日はドイツにビジネス仲間15人くらいで行きましたし、フランスやイタリア、シンガポールなど、毎回10人以上でいろいろな国に行っています。

もちろん、中には初めて会う人がいることもありますが、すぐに仲良くなります。「初めまして」で一緒に飛行機に乗って、現地に降り立つ。その間だけでも、その人の気遣い心遣い、その人が普段どのような雰囲気でビジネスをやっているのかわかってくるので、仲良くなりやすいのです。

日常生活の中で誰かとコミュニケーションを取ろうと思ったら、その人の人となりを知るためには、仕事の話から入ったり、ひと手間が必要になったりしますが、旅行に行けばその必要はありません。自分も相手も、素のプライベートな姿でいるので、余計な気遣いもいりません。

簡単に言えば、本音を語り合える非日常的な空間なわけです。これだけのお膳立てができるのですから、コミュニケーションを取りたい相手との旅行はとても有効だと思います。

僕は自分でビジネスをやっていて、時間が比較的自由に使えるのでこういった旅行をしていますが、一般的なビジネスマンでも仲良くなるための旅行はできると思います。

最近は少なくなっていると聞きますが、社員旅行がある会社であれば、それはいい機会です。ぜひ積極的に参加して、いろいろな人とコミュニケーションを取るといいと思います。あるいは、そこまでしなくても、社員同士でドライブに行ったり、遊園地に遊びに行ったりすることもあるでしょう。

そのように、日常から離れてリラックスした環境にいるときに、初めて会う人と積極的に話をするというのは、その後の接触頻度を高めることに有効なのです。

もしそういう環境がないのであれば、本書を読んでいる方はぜひ環境を作ることをしてもらえればと思います。意外とバーベキューやスノボなどは行きたい人が多いので、〝ありがとう〟と感謝されるかもしれませんね。

主導権を握るための〝ペルソナ設定〟

いざ見知らぬ相手と話をしようというときに、あなたならどうしますか？

おそらく無意識のうちに、相手の服装や話し方、声のトーンなどで、「きっとこの人はこういう人なのではないか」という予測を立てていると思います。

実際には、話しているうちに予想と違う部分が出てきたりして軌道修正が必要になることはあると思いますが、それでもまったく相手のタイプを想定しないで話し始めることはないでしょう。

コミュニケーションという点にフォーカスすると、「相手がどのようなタイプの人間か予想する」ことは、結構重要になってきます。

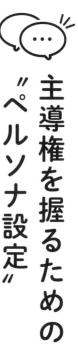

マーケティング用語で「ペルソナ設定」という言葉があります。「ペルソナ」とは「仮面」という意味ですが、ある商品の販売企画を立てる場合などに、想定する購入者がどのような人物なのか詳細にイメージするのです。

購入者の性別、年齢、職業、住まいといった外的な要素はもちろん、趣味・嗜好《しこう》、日常生活のパターン、興味関心などの内的な要素まで、詳細に設定します。

もちろん、それが当たっているかどうかはわかりませんが、ペルソナ設定をすることによって、自分たちが売ろうとしている商品の特性がより明確になり、デザインやキャッチコピー、販売方法などを決めやすくなるわけです。

誰かと話をしようとするときに、実際のマーケティングにおけるペルソナ設定ほど細かく相手を分析する必要はありませんが、外見や話し方、話の内容などから、相手がどのような人間なのかを予想しておけば、その後のコミュニケーションがスムーズになります。

たとえば、髪の毛は全然セットしていなくて、特に洒落《しゃれ》っ気のない眼鏡をかけている。外見は真面目そうで、派手なところがない。しかもちょっとボロボロのコンバースを履いている……。

そんなタイプの人にファッションの話をしても、おそらく相手もピンとこなくて、話も弾まないでしょう。

その逆に、金髪・ロン毛で、「ちーす！」みたいな挨拶をする人に、「この前の、センター試験の問題さあ」という話をしても、「何言ってるの？」と返されるでしょう。

これは極端でわかりやす過ぎる例かもしれませんが、その人の見た目といった第一印象、つまり服装や雰囲気で、その人が何を求めているどんな人なのか、何に興味を持っているのかを、しっかりとキャッチする必要があるのです。

そして話していて「何か違うな？」となれば、想定していたペルソナを修正すればよいだけです。もしかしたら、金髪・ロン毛のお兄ちゃんが東大生ということもあるかもしれませんから。

僕は初対面の人と話をするとき、必ずペルソナ設定をします。中には「予断を持たずに相手と接したほうがよい」という人もいますが、それは偏見や思い込みを抱いたまま相手と接し、しかも軌道修正することなく、自分の思い込みの枠内で相手のことを判断しようとする、柔軟性のない人に対する考え方です。相手のことを予想もせずにいったいどんなコミュニケーションを図ればいいというのでしょうか。

相手がどのような人か予想を立てておけば、どのようなことを考えているのか、またこちらの提案についてどのような反応が返ってきそうか、あらかじめ見当をつけておくことで、こちらもスムーズな切り返しができます。

そして切り返しのパターンをたくさん持っていれば、臨機応変な対応ができるようになります。そしてそのパターンを蓄積するためにも、また、より多くのパターンでのペルソナ設定を可能にするためにも、さまざまなバックボーンを持つ人に直接会って、話を聞くという経験を積んだほうがいいのです。

たまに「これは想定外の事態だ」という言葉を耳にすることがあると思います。なぜ想定外のことが起こるのか。当たり前ですが、過去にそのような経験がないから、想像のしようがないからです。

人は基本的に、自分の体験や経験に基づくことしか想像できません。

でも、世の中は広く、自分の想像を超える人というのはいくらでもいるわけです。

より有効なペルソナ設定を可能にするためにも、よりたくさんの人と会ってみてください。思わぬ刺激が待っていると思います。

人は見た目が9割 ～メラビアンの法則～とは

もうひとつ、「メラビアンの法則」という心理学用語を聞いたことがある方もいるでしょう。

これは、アメリカの心理学者アルバート・メラビアンが1971年の著書の中で発表したもので、言語、聴覚、視覚という3つのコミュニケーションの手段で、メッセージを伝達するのに言語が占める割合は7％、聴覚が38％、視覚が55％だというものです。

以前、『人は見た目が9割』（新潮社）という本がありましたが、いかに服装や身なり、話し方といった第一印象が重要かわかります。

僕自身も気を遣っています。自由な起業家とわかるような感じに第一印象を演出しています。

オンタイムであっても着るものは普通の私服なので、これで、僕を普通の会社で働くビジネスマンだと思う人はいないと思うし、自分自身でも気に入った服を着ていられるので、より自分らしくいられます。

人に与える印象はもちろんですが、第一印象に気を遣うことは、ある意味、自分自身をより自分が求めるイメージに近づけることでもあります。

僕の仕事仲間には、髪の色をピンク、緑、青など毎月変える人がいます。

先日一緒にハワイに行ったときには「ハワイ用に緑にしました！」とか言ってまし

たが、それはそれで「自分はちょっと変な人なんです」という、自分をわかってもらうための方法でもあるのです。実際に目立つので「すごい頭の色ですね」と言われ「でも面白いな、自由そうだな」とも思われ、自分はどういう人間かというアピールにもなるのです（髪がピンクなのが正解かは別ですが。笑）。

また聴覚ですが、初対面の相手の場合は、声の感じ、話す間、リズム、声のトーンなどを気にします。聴覚が人の意識に与える影響は、実はかなり大きいと思います。

僕は映画が好きでよく観るのですが、音無しで映画を観ると、迫力が半減、もしくはそれ以下になってしまいます。洋画のホラー映画を、音を消して観てみてください。怖さが半減するというより、何やってんだこの人たち？　となり、まったく映画の面白さが伝わってきません。

僕は、視覚は情報を得たり物事を理解したりするために重要であり、聴覚は感情を動かすために重要な感覚なのではないかと思っています。

たとえばプレゼンの場などで、ハリのある自信に満ちた声で聞くプレゼンと、なんだかボソボソと小さな声で話していてよく聞き取れないプレゼンとでは、提案内容が似通っていたら、どうしても前者のほうを採用したいと思うのではないでしょうか。

みなさんも、今までの経験で、自分に自信がある人は、結構声が張る人が多いと感じているのではないでしょうか。コミュニケーションを取る相手にいい印象を残すために、自分の声が小さいと思っている人は、一段、大きく声を出すようにすることをおすすめします。

第六感を磨く

コミュニケーション能力を高めるには、カンをよくすることも必要です。

カンというと、「第六感」という言葉のように、なんとなくスピリチュアルなイメージがあるかもしれませんが、実際には自分が今まで培ってきた経験則に基づいて脳が判断している極めて合理的なものです。
ある場面に出会ったとき、「あ、これは今までにも体験があるな、そうなると次はこうなるな」と脳が判断してくれる。これがカンです。

僕はよく、ビジネスを説明する上で心理学の用語を使ったりしますが、心理学というのは、誰か学者がウンウンうなって考えたものではなく、実は統計に基づいた、ある傾向を示す学問です。

たとえば自殺防止策を考える場合、ある100人を対象にしたとします。その中でまず、男性と女性に分け、次に年齢別、年収別などでクラスター分けをします。そして次に、学歴や周辺の環境など、別の因子でクラスターを分け、その中で自殺の発生率などを見ると、ある因子同士が重なると自殺が発生しやすいということが見えたりします。

そこで、そのような人たちが陥りやすい心理状況を考えて、そうならないように取り組みを考えるのですが、一般的にいうカンとは、それに近いことです。

実際には、今までの経験をもとに脳が筋道立てて考えた結果なのですが、そこを意識していないので、パッと思い浮かんだものを「カン」と呼んでいるだけです。

麻雀をする人ならわかりやすいと思いますが、前に遭遇したことと近い状況に出くわすと、なんとなく、この牌を捨てるのは危険だなと感じることがあるでしょう。そのときのことは正確には覚えていないし、どんな判断をして、どんな結果だったのかも忘れている。でも、脳は前に遭遇したことを覚えていて、何らかの判断を下す。それがカンです。いわば、潜在的な記憶です。

ここまでおわかりかと思いますが、このカンをよくする方法というのは、蓄積される経験を増やすしかありません。経験の数が多ければ多いほど判断の材料は増えるので、よりカンは鋭くなります。

人と会って対面して、「だいたいこの人はこういうパターンの人だな」とわかるには、経験の蓄積という裏付けと、そこから結論を導くための思考力が必要です。蓄積された経験が少なければ、いくら思考力に長けていても「カン」というひらめきは得られません。

反対に蓄積された経験が多ければ「この服装と雰囲気で、◯歳の人がこういうタイミングでこんな表情をしながらこんなことを言っていたけど、たぶんこれはこういう意味合いなんだろうな」という細かな判断ができます。それは決して、直感などではありません。

経験が多い人、人から学ぼうと思って細かく観察しようとしている人は、蓄積が増え、判断も鋭くなり、結果、カンのいい人と言われるわけです。

カンは生まれつきのものではありません。

カンをよくしてコミュニケーション能力を向上させるためにも、より多くの人と会って、より多くの経験を蓄積してほしいと思います。

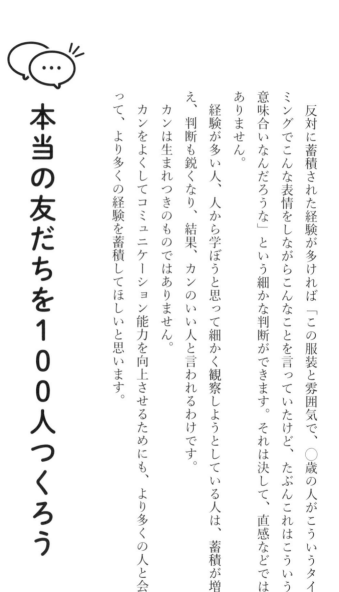

本当の友だちを100人つくろう

もうひとつ「蓄積」という点でポイントになるのが、人脈です。もちろん、コミュニケーション能力が高くなった結果人脈も充実していくので、今はまだ「自分には人脈なんてない……」と落ち込む必要はありません。まずは、現状がどうなのか確認することが重要です。

ではじめに、携帯電話を見て、自分が一緒に仕事できる人、信頼できる人がどれくらいいるか、確認をしてみましょう。

僕の場合、30件以上の事業を手がけていて、パートナーは300人以上います。かなりの人数ですが、「これ、誰?」という人はほとんどいません。みんな顔と名前は一致するし、一緒にビジネスに取り組んでいる、信頼できるパートナーです。

僕は自分でビジネスをしているので、それだけの人脈が必要ということもあります。ですから、普通の会社で働いているビジネスマンであれば、そこまでの人数は必要ないと思うかもしれませんが、そもそもなぜ今コミュニケーション能力が求められるのか思い出してみてください。現代ではビジネスの現場で、専門性の高い人同士をつなげて、生産性を高め、ビジネスに貢献するためにコミュニケーション能力が求められるのです。そう考えれば、信頼できる仕事相手は、どんなに多くても困らないはずです。

そこで、改めて携帯電話を見てください。

信頼できる仕事相手が、５人とか10人しかいない人は、その範囲内でしか仕事をしていないことになります。コミュニケーションの枠を広げ、より自分が有用な存在になるためには、仲のいい人、信頼関係や人脈となる人を5倍、10倍と増やしていきましょう。いきなりそれがムリなら、せめて2倍にするところから始めましょう。

「コミュニケーション能力のある人」を定義するのは難しいかもしれませんが、携帯電話の話でいえば、仕事仲間でなくても、友だちといえる人が１００人以上はいる人だと思います。そしてその友だちというのは、単に所属会社を知っている、役職を知っているというだけでなく、その人の生い立ちや中学校時代の部活、出身大学、その会社に就職した理由、家族構成など、パーソナルなことを知っているような人です。仕事以外の話をどれだけ知っているか。そこがポイントです。

そしてもうひとつ気をつけたいのが、ちゃんと生産性のある話ができる相手かどうかということです。

話していて営業力が上がるでもいいし、人脈を紹介してくれるでもいい。あるいは一緒に旅行に行けるでもいいと思います。要は、愚痴をこぼし、傷をなめ合うだけの人間関係では友だちではないのです。

もちろん人間ですから、たまには会社の文句のひとつも言う飲み会もあっていいと思います。でも、それが目的になってはいけません。自分と一緒に、前に進んでいける。それが、本当に必要な友だちです。

第4章

最高のコミュニケーション力を手に入れる STEP2

「一歩踏み込む質問力」をつける

コミュ力のある人だけが持っている「一歩踏み込む質問力」とは何か

悩みごとの相談にのるのは、案外難しいものです。本書を手にとっているあなたも友人、恋人、家族、同僚などさまざまな人から相談される機会もあるのではないでしょうか？　仕事、健康、人間関係、恋愛など相談の内容も多岐にわたると思います。僕もパートナーの多さと仲の良さから毎日相談を受けている気がします。

よく言われるのは「相談をしてくる人は大体、自分の話を聞いてほしいだけだから、言いたいことを言わせてうなずいていればいい」という話です。確かにそういう場合もあるものの、もし、あなたがコミュニケーション能力を身につけたいと思っているのであれば、単純に話を聞いているだけではいけません。

郵便はがき

料金受取人払郵便

日本橋局
承　認

6591

差出有効期間
令和３年５月
30日まで

切手をお貼りになる
必要はございません。

103-8790

953

中央区日本橋小伝馬町15-18
ユニゾ小伝馬町ビル9階
総合法令出版株式会社 行

本書のご購入、ご愛読ありがとうございました。
今後の出版企画の参考とさせていただきますので、ぜひご意見をお聞かせください。

フリガナ お名前	性別 男・女	年齢 歳
ご住所　〒 TEL　（　　）		
ご職業　1.学生　2.会社員·公務員　3.会社·団体役員　4.教員　5.自営業　6.主婦　7.無職　8.その他（　　）		

メールアドレスを記載下さった方から、毎月５名様に書籍１冊プレゼント！

新刊やイベントの情報などをお知らせする場合に使用させていただきます。

※書籍プレゼントご希望の方は、下記にメールアドレスと希望ジャンルをご記入ください。書籍へのご応募は１度限り、発送にはお時間をいただく場合がございます。結果は発送をもってかえさせていただきます。

希望ジャンル：☐ 自己啓発　☐ ビジネス　☐ スピリチュアル

E-MAILアドレス　※携帯電話のメールアドレスには対応しておりません。

お買い求めいただいた本のタイトル

■お買い求めいただいた書店名

(　　　　　　　　　　)市区町村 (　　　　　　　　　　)書店

■この本を最初に何でお知りになりましたか

□ 書店で実物を見て　□ 雑誌で見て(雑誌名　　　　　　　　　　)
□ 新聞で見て(　　　　　　　新聞)　□ 家族や友人にすすめられて
総合法令出版の(□ HP、□ Facebook、□ twitter)を見て
□ その他(　　　　　　　　　　)

■お買い求めいただいた動機は何ですか(複数回答も可)

□ この著者の作品が好きだから　□ 興味のあるテーマだったから
□ タイトルに惹かれて　□ 表紙に惹かれて　□ 帯の文章に惹かれて
□ その他(　　　　　　　　　　)

■この本について感想をお聞かせください

(表紙・本文デザイン、タイトル、価格、内容など)

(掲載される場合のペンネーム:　　　　　　　　　　)

■最近、お読みになった本で面白かったものは何ですか?

■最近気になっているテーマ・著者、ご意見があればお書きください

ご協力ありがとうございました。いただいたご感想を匿名で広告等に掲載させていただくことがございます。匿名での使用も希望されない場合はチェックをお願いします☑
いただいた情報を、上記の小社の目的以外に使用することはありません。

誰かがあなたに相談に来たなら、それは、相手はあなたを頼りにしている、あるいは共感してくれる人物だと思ってくれています。このようなときは、お互いの関係をもっと密にして、相手の悩みを根本的に解決してあげてほしいと思います。それは巡り巡って、あなたのコミュニケーション能力向上につながるからです。

さて、あなたは、職場の同僚から次のような相談を受けたことはないでしょうか。


「最近、なんだか疑問に思うことがあるんだ」

「疑問に思うことね!! どうしたの?」

「いや、いったい何で自分はこの仕事をしているんだろうと思って……」

「仕事をしている理由がわからないのかあ」

「そうなんだよね」

「そうだよなあ」

「……」

「きっと、生活費を稼ぐためじゃないかな」

「生活費のためかな。やっぱり」

「そうだよ、生活費のため。仕事なんてそんなものだと割り切らないと。そうだ、今晩ちょっと飲みに行かないか？　新しい店見つけたんだ」

「お、いいね。ちょっとストレス解消しようかな」


いかがでしょうか。

「仕事をしている理由がわからない」など、漠然とした悩みの場合、「ストレス解消すれば大丈夫」といった雰囲気で、飲みに行って憂さ晴らしをして終わってしまうケースが多いのではないでしょうか。


ただ、当たり前ですが、このやりとりでは根本的な問題は解決していません。「何でこの仕事をしているんだろう」という悩みを抱えた同僚は、いずれまた似たようなことで悩むでしょう。それは、回答する側の人物も、悩みの根本にある問題に気がついていないからです。

ストレス解消に、お酒を飲んだり、どこかに旅行に行ったりする人も多いと思いますが、本当にストレスを解消するためには、ストレスの原因を取り除かなくてはいけません。

悩みごとの相談にのるのも、それと同じです。悩みの本当の原因がなくならない限り、問題は解決しません。そして、本当の原因を解消するために求められるのが、相手を深掘りしていくための「一歩踏み込む質問力」です。

相手にいろいろな角度から質問をし続けることによって、相手自身気がついていない、悩みの根本にある本当の理由を探り、解決していくことが必要なのです。

「何で今の仕事をしているのか理由がわからない」というのは、みなさんの身近にありそうな例だと思いますが、今度は、僕のまわりでよくある実例をお伝えしましょう。

僕のところには、よく、「起業したい」という人が来ます。僕としてはできるだけ的確なアドバイスをしてあげたいので、そもそもなぜ起業をしたいのか理由を聞きます。一番多いのが「1カ月あたり100万円稼ぎたいからです」というような返事です。


「それはいいですが、でも何で100万円なんですか？」

「タワーマンションに住みたいんです」

「なるほど。ほかの理由はないですか？」

「旅行にも行きたいです」

「それではどうしてタワーマンションに住みたいのですか？」

「人よりいい暮らしをしたいんです」

「では、なぜ人よりいい暮らしをしたいのですか？」

「……」


ここまで質問を繰り返していくと、自分でもその理由がわからなくなって、詰まってしまったり、よくわからないことを言い出したりする人が多くいます。

しかし、これで質問をやめてしまってはだめです。なぜなら、人が何か行動をするときには何かしらの感情があり、行動するためのハードルが高ければ高いほど、そして行動の動機となる感情が強くなければ、せっかく始めた行動が長続きしないからです。

僕は起業するときにどうしても妻と結婚して幸せな家庭を築きたかった。自分の育った環境があまりよくなかったこともあり、その感情は非常に強いもので、だからこそ僕は「自分が王様でないと気が済まない」という無駄に高いプライドもかなぐり捨てて起業し、成功に向けてひたすら努力できたわけです。

「いい暮らしをしたい」という人は、だいたいの場合、育ってきた環境に根本的な理由があります。よくよく聞いてみると、こういう話が多いのです。

「子どものころ、自分の家は貧乏で生活に苦労していた。そんなある日、友だちの家に行ってみると大きな家で、きれいなお母さんがおやつを出してくれたりして、すごく幸せそうに見えた。それを見て、子ども心に、自分もいつかは大きな家に住んでみたい、きれいなお母さんが子どもたちにおやつを出してくれるようないい暮ら

しをしてみたい。けれど、結局自分は今でもボロボロの家に住んでいる。もうこんな貧乏な暮らしは続けたくない。自分の子どもには、もっと違ういい暮らしをさせてあげたい。だから、お金を稼ぎたい」

実際には、こういった過去の体験に現在の行動の理由があることが多いのですが、自分ではそれに気づくことなく、現在の状況や行動を選択している、あるいは選択しようとしているというケースを、僕はよく見ているのです。

「いい暮らしをしたい」というふわっとした理由の背後にある、このような強い感情を伴った本当の動機に本人が気づかなければ、せっかくの起業も長続きはしないでしょう。起業して成功するまでの苦労を苦労と思わず、ひたすら目標の達成に向けて頑張るためには、それ相応の動機が、どうしても必要だからです。

一歩踏み込む質問力とは、相手が気づかずにいる本当の感情を再確認するために必要なものなのです。

ではここで、今この本を読んでいるあなた自身のことを振り返ってもらいましょう。あなたがサラリーマンだったとしたら、この章の冒頭のやり取りを思い出してください。

なぜ今の会社で働いているのですか？　あるいは自営業の方なら、なぜ今の仕事をしているのでしょうか。

そう聞くと、やはり、一番多いのは「生活費を稼ぐため」という回答だと思います。もちろん自分を含めた家族を養わなくてはいけないので、生活費を稼ぐためという回答になるのは当然でしょう。

ただ、それだけだと、先ほどの「１００万円稼ぎたい」という起業志望者と同じになってしまいます。重要なのは、本当に生活費を稼ぐためだけに今の仕事を選んだのかを突き詰めて考え、自分でも気づかずにいる本当の理由を明確にすることです。

サラリーマン時代の僕もそうだったのですが、「生活費を稼ぐために働いてます」という回答は、別の言い方をすれば、「要は生活費を稼げれば、仕事は何でもいい」

ということです。

でも、「仕事を選んだ理由」という点にフォーカスすれば、「何でもいい」という回答の本質的な部分には、「熱中できるものがない」「やりたいことをもっと探したい」、あるいは「実は今の居場所に満足していない」など、要するに現状に満足していないという事実があるはずだと思います。

ではなぜそういうことになっているのでしょうか。

過去をさかのぼって、就職した当時のことを思い出してください。おそらく仕事を選択する瞬間に「何か」があったのではないでしょうか。

たとえば、もう少し頑張ればもっといいところに行けたかもしれないし、あるいは、規模は小さいけれど自分が本当に行きたかった会社に就職してもよかったのかもしれない。でも、もう就活に疲れてしまい、早く困難から逃げたかったとか、就職した後の将来に対する不安感があって、そういう選択をしなかった。

さらにその原因を深掘りすると、どんなに頑張っても余裕のある生活を送れない親を見ていて嫌だった、あるいは目標に向かって頑張るものの、それが続かずに結局ラクな方向に流れていく自分に嫌気がさしていたなど、いわば負の感情があるはずです。そしてその過去の体験が、今の状況をつくっているというわけです。

そこをしっかりと認識しない限り、いくら表面的なところを取りつくろっても、いずれほころびます。古い家を見栄えよくリフォームしても、土台や柱がぐらついていては、いずれ傾いてしまいます。それと同じです。現状を変えたい、何か新しいことをしたいと思ったら、その理由の根本にあるものをしっかりと把握すること。これが肝心なのです。

たとえば、今やっている仕事でなかなか成果が上がらないというとき、いろいろなノウハウ本を読んで勉強したり、同僚や上司に相談したりする人は多いと思いますが、それだけではなかなか望むような成果は得られないでしょう。

もちろん勉強は大切ですが、今の状況の本質的な要因となっている問題を解決することが重要です。

今まで向き合ってこなかった自分の心に一歩踏み込むことで本質を理解し、相手の心に一歩踏み込む質問力を身につけることができます。

僕のビジネスパートナーは300人ほどいますが、みんなが全員、すごい能力を持っているわけではありません。いい資格を持っていたり、上場企業に勤めていたりする人もいますが、そういういわゆる一般的なビジネススキルがあれば、ビジネスをうまく回せるかというと、それは別問題です。

やはり僕は、ビジネスで成功するためには、自分、ビジネスパートナーを問わず、なぜ「今」このような状況になっているのか、その理由である物事の本質や根源をつかむために、しっかりと現状把握をすることが大事だと思います。

飲みに行ったときにでも、何で今の仕事を選んだのか、職場の同僚に聞いてみてください。質問攻めにする必要はないですが、あくまで自然なキャッチボールの中で深掘りして聞いていけば、きっと過去の体験が仕事選びの理由になっていることが見えてくると思います。

「OATHの法則」

このように悩みごとを聞き、具体的な解決策を示すことは信頼感の醸成、ひいてはコミュニケーション能力の向上にもつながることです。ぜひ積極的に取り組んでほしいと思いますが、そのときに、相手がどのような状況にあるのか、質問内容から判断することもできます。

人が何か行動を起こすときには、その根本に強い感情があると先にお伝えしました。そして強い感情を本人が意識していない限り、しっかりとした行動にはつながりません。投げかけられる質問を聞けば、相手が自分の感情にフォーカスできているかどうかがわかります。そして相手がもしその感情を意識していないようであれば、そこに気づかせる必要があります。そのためのスキルが質問力なのです。

先に述べた「100万円稼ぎたいんですが、どうしたらいいでしょう」という質問のことを思い出してください。そのときに、なぜ100万円を稼ぎたいのか、そうしたいと思ったのはいつからで、どんな理由なのか、そして稼いだ後に何をするのかなどが明確な人、つまり自分の感情がわかっている人の場合は答えやすいし、その答えが的外れになることもありません。

「どうしても100万円が必要なので、その方法を探して、結果、ここまではわかった。でもこれ以上のことがわからないので教えてほしい」

こういうパターンの人であれば、自分の感情にフォーカスできていて、すでに自分でも行動しているので問題ありません。

でも、たいていの場合は次のようなパターンです。

「100万円稼ぎたいので、その方法を教えてください」

「可能ですが、そもそも何で100万円が必要なんですか？」

「……」

結局、自分でもその理由がしっかりつかめていないのです。これでは質問に答えようにも、どのレベルから話をしたらいいのかわからないし、正直、何を話すべきなのかもつかみにくい。

悩みには4つの段階があるといわれています。これは「OATHの法則」といってマーケティングで使われる用語です。お客さん（見込み客）の問題意識のレベルを4段階に分け、その頭文字を取った法則です。ひとつずつ説明していきましょう。

「O」は「Oblivious」の頭文字です。これは悩みが浅い最初の段階を表します。潜在的な悩みといってもいいでしょう。悩み自体をまだ認識していない状態で、「無知」ということでもあります。

次の「A」は「Apathetic」の頭文字です。この段階では、問題は認識しているものの、無関心であり、それほど気にしていません。前述の100万円稼ぎたいけれど、理由が答えられない人はこのレベルに該当します。

「T」は「Thinking」。これは、「考えている」ということです。問題があることは認識していて、深く悩んでいるわけではないけれども、できれば解決したいと思っているのがこの段階です。

最後が「H」です。「H」は「Hurting」の頭文字。これは、「困っている」状態です。一番深い悩みですね。問題があることは認識していて、ものすごく真剣に悩んでいるし、ものすごく真剣に解決したいと思っている状態が、この「Hurting」です。これは最初に出てきた100万円の方法をわかっている人のことですね。

このように悩みの段階を知ることによって、「相手が質問をしてきたときにどの段階、どのレベルで質問しているのだろう?」と予想を立てることができます。そしてその悩みのレベルに対して一歩踏み込んだ質問力で対応していくのが理想的です。

僕は会社員時代、営業の現場で似たようなことを経験しています。

「トイレの便器をAかBに変えたいんだけど、どちらにしようか迷ってる。森君、どっちがいいと思う?」と質問されたのです。

そのときにするべきことは、AとBのどちらがいいのかを考える以前に、今、お客さんにはどんな悩みがあり、なぜトイレを改装したいと思ったのかを把握することです。

現状の便器の汚れや経年劣化が気になるので変えたいのか、それとも、将来、足腰が弱くなってトイレで立ったり座ったりすることがつらくなりそうという不安があって変えたいのかといった悩みが必ずあるわけです。

そこで、その人が本当にしたいことは何なのかを把握する必要があるのです。

そこをしっかりとキャッチしなければ、お客さんに満足してもらえるリフォームはできません。そのために、しっかりとヒアリングをする必要があるのです。

そして、そういうことを聞き出せるのが、コミュニケーション能力が高いということだと思います。ＯＡＴＨの法則に基づいて、相手の状態を予想して質問をしてみましょう。

「なぜ？」には「なぜ？」質問には質問で返す

相手の本質的な感情を聞き出すためには、相手に質問するときに1個の「なぜ」で終わらせてはいけません。相手から投げかけられる1つの質問に対して、こちらからは10個以上の「なぜ」を用意するべきです。質問には質問で返すのです。

もちろん、自分の行動に関して、その要因になっている本質的な感情にしっかり気がついている人には、そこまで質問する必要はありませんが、そこまでの人はあまりいません。

一般的なビジネスマンの場合は「100万円稼ぎたい」という相談を受ける場合はあまりないと思うので、たとえば、仕事に気乗りがしないという後輩の相談にのることになったとしましょう。

まず、なぜ今の会社に入ろうと思ったのか、その動機を聞いてみます。


「入社の理由ですか……。家から近かったからですかね」

「ほかにも近かった会社はなかったの？」

「いや、ウチ１社だけですね」

「でも、ほかにいいところがあるとは思わなかったの？」

「いやあ、探すの面倒くさかったんで」

「面倒くさいって……。これから30年くらい勤める会社かもしれないんだよ」

「いや、もうそこまでいようと思わないいんで」

「え、本当に？　なんで？　そんなにダメかね、ウチの会社は」


といった具合に10個くらいを深掘りして質問を続けていくと、少しずつですが真意が見えてきます。よくよく聞いてみると、「気乗りのしない仕事」というフィルターを通して、自分の将来が透けて見えるようで、そこが我慢できないということが本当の理由だったりもします。

ここまで聞いて、初めて本当のコミュニケーションが始まるわけですが、多くの人は、「あまりプライベートなことに首を突っ込んじゃいけないから」と、聞くことを遠慮しがちです。

でも、それでは信頼関係はできないと思います。単なる興味本位ではなく、ちゃんと相談にのりたくて質問しているのだという姿勢が伝われば、相手からいろいろと話してくれます。

一歩踏み込んだ質問には質問で返す。このことを忘れないでください。

自分でも実は気づかない〝とんでもない現状〟

なぜ質問力が必要なのか。それは「現状把握」が非常に大切だからです。相手が言葉にすることで、その人自身が本当にしたいことや本質的な感情に気づいてもらうのです。

正直な話、僕も昔の自分のことを思い出すと、なぜあの会社にいたのかよくわかりません。

年収３２０万円で、休みは月に１回程度。しかも連日続くサービス残業。どんなに頑張っても給料はそんなに上がらない。これでは、今の僕の視点からすれば、在籍しているメリットは感じられません。

でも、当時の僕はそこまで疑問に思っていたわけでもありませんでした。実際は〝どんでもない現状〟だったのに、自分の心に一歩踏み込むこともなければ、誰かから一歩踏み込んだ質問を受けることもなかったのです。みなさんも〝どんでもない現状〟に気づかずに過ごしていることもあるのではないでしょうか？

多くの人は、今自分がいる環境や、そこに自分がいるメリット、自分はそこで何をしているのか、あるいは何がしたいのか、こうしたことが日々の出来事に流されてしまっているので、目先のことに追われてしまい、本質的はことを見失ってしまいがちです。

だからこそ、一歩踏み込んだ質問力をつける必要があるのです。相手の現状把握をきちんとしないと、いい提案もできないし、本当のコミュニケーションも取れません。何となく相手のことをわかったつもりで話をしても、上っ面で間違った方向に話が進んでしまったり、話をしていたりして、「この人、実はよくわかっていないな」と感じることもあると思います。相手の現状を把握していないとそういうちぐはぐなことが起きがちなのです。

正確な現状把握ができないと、どうしても小手先の話しかできません。先ほどの「気乗りがしない」という話で言えば、「ちょっと気分転換してみたら？」とか「仕事のやり方を変えてみたら？」などのように実のあることを行えず、本質的な改善につながる回答はできないわけです。

この例では、相談してきた相手の「自己評価が低い」「目標がない」という部分が本質的な話です。そういうところをカウンセリングしていかないと、根本的な解決にはならないと思います。逆にいえば、先輩なり上司なりがそこに気づくことができ、適切なアドバイスができれば信頼関係が構築されて、コミュニケーションも成立するわけです。

「時間がなかった」「モチベーションが下がっていた」「忘れていた」に隠される本当の理由

自分の行動に影響を与えている心理的な要因に気づいてもらうためには、相手自身で気づいてもらわなければなりません。つまり、相談を受けているあなたが答えを言わないのです。負の側面のある行動の本質的な要因としては、次のようなものがあります。

・継続できない
・一生懸命になるのが恥ずかしい、頑張ったことがない
・努力しない。面倒になるといつも投げ出して逃げてしまう
・自信がない

根本的なところはこのようなものです。何で自分に自信がないか、続けることができないかといったところを解消してあげたら、だいたい問題は解決します。

たとえば、月末までにまとめなければならない報告書が間に合わなかったということは、比較的よくあることだと思います。

そこで、なぜできなかったのか理由を聞くと、「時間がなかった」「モチベーションが下がっていた」「忘れていた、聞いてなかった」「不明点があって進まなかった」といった返答が返ってきがちです。

こういう答えが非常に多いのですが、これでは答えになっていません。全部言い訳です。

「時間がなかった」で問題は解決するはずがありません。もし、会社の社長が「振り込みの時間なかったんで、給料は3カ月後に振り込む」と言っても、通用するはずがありません。また「モチベーションが下がっているから」と、家族に生活費を1円も渡さなかったらどうなるでしょう。そんな訳のわからないことを言う相手とは、即離婚となるでしょう。

「時間がなかった」「モチベーションが下がっていた」「忘れていた」は、できなかったことに対する理由になっていませんが、会社員だったら最もよく聞く、職場で毎日のように起こっている最頻出ワードだと思います。

そのように、言い訳にしか思えないところを、「何かの理由で本当に時間がなかったのか」「本当にモチベーションが下がっていたのか」などを深掘りして、やれる人に変えていかなければなりません。

たとえば「時間がなかった」「忘れていた」などという場合、物理的な問題としてはスケジュールに入ってなかったということがあるかもしれないので、そこを確認します。

「忘れていたって言ってたけど、この件、スケジュール入れてた？」
「入れていました」
「アラームは？」
「アラームは鳴らしていましたが、できなかったんです」

こうなると、物理的な問題ではなく、心理的なところに原因があると思ったほうがよいでしょう。そこで、先ほどの要領で質問を繰り返して相手を深掘りしていくわけです。

そしてそこでわかったことに対処して、改善を図っていくのです。

「モチベーションが下がっていた」というのも同様です。モチベーション＝やる気ですが、自分が心から望んだことだったら、やる気が下がることはないでしょう。たとえば、どこかに遊びに行こうというとき、そこが自分が行きたいところであれば、楽しめるはずです。

しかし、別に行きたい場所ではないし、予定も誰かの立てた計画に沿って進んでいくだけだとしたらどうでしょう。楽しくないし、モチベーションも上がらないでしょう。

「時間がない」「モチベーションが下がっている」というのであれば、なぜそうなのかを深掘りしていって、ただの言い訳なのか、物理的に解決できる原因のあることなのかを見極めましょう。ただの言い訳であれば、本当の原因に気づかせてあげることが重要です。

コミュ力テクニック…自己開示と「『なぜ？』の突き止め」

信頼関係の構築には、どうしてもプライベートに踏みこんだ質問をせざるを得ません。そこで、「相手も答えにくいだろう」と想像がつく質問に対しても答えてもらいやすくなるテクニックを紹介しましょう。

それはまず、自分のマイナス部分を話してしまうことです。

僕の場合、親が自己破産している話をよくします。自分のつらい過去、人には言いづらい話を相手に開示することで、相手の心理的なハードルを下げるわけです。

「ああ、この人もいろいろとつらい過去があったんだな。だったら、自分のこともわかってもらえるんじゃないだろうか」と、相手に共感してもらえます。

言い方はちょっと悪いですが「自分がここまで話しているんだから、そちらも同レベルのことを話してください」という状況をつくり出すわけです。

相手の本質を聞き出すなかで、ここは核心に迫ってきたという段階になってきたら、まず自分のことを話したほうがよいでしょう。

自己破産したとか貧乏だったことを言うと、基準としてはそういう大変な話が基準になり、相手もどの辺まで自分のことを話そうかというハードルがだいたい決まってくるのです。

そうすることによって相手の話す内容も変わってきます。そこを上手にコントロールするのが、質問力なのです。

相手が答えやすい状況をつくれる人は質問上手で、質問上手＝深掘り上手です。自然な流れで続いていく質問と答えが、まるで詰将棋のように、相手を深掘りしていきます。

そのときのテクニックのひとつが、今紹介した自己開示ですが、そこまでの体験が自分にはないという方もいるでしょう（むしろ、そのほうが大多数かもしれませんが）。

その場合には、簡単な「相槌《あいづち》」を打つだけでも効果的です。

先ほどの「仕事に気乗りのしない後輩」の場合なら、このようなやり取りになります。

「何でこの会社に就職しようと思ったの？　僕の場合は、実は結構、適当に選んだんだよね」

「実は僕もなんですよね。家から一番近かったから」

「やっぱり、そういうので選ぶよなあ。ほかは受けなかったの？」

「就活に疲れちゃったし、家から近いし、もういいかな、みたいな感じですね」

「なるほどね。就活は僕も疲れたよ。途中で力つきちゃったし」

「そうなんですか？」

「そんな感じだよ。だから会社の雰囲気とかよくわからないまま入社しちゃってるし」

「僕もです」

「最初はどんなイメージだった？　やっぱり入社してみて、結構違ってるかな」

「うーん、実はですね……」


などのように、相手の話に共感しながら、少しずつ核心に近づいていくわけです。

コミュニケーションを取りたいと思う相手には「『なぜ？』の突き止め」は不可欠だと知ってほしいと思います。

本当にできないのか？　を見極める
一歩踏み込む質問力

「50％以上の人は、答えにすでに自分で気づいて解決策を持っていることが多い」

突然何を言い出すかと思われたかと思いますが、ひとつひとつ説明していきます。

単純に質問に答えるだけではなく相手のことを深掘りして、行動の動機となっている本質的な感情に気づいてもらうことが重要なことをお伝えしてきました。

このことは言い換えれば、相談に来た人は、自分が始めようとしている行動には深い動機があるものの、そのことに気づいていないわけです。

自分の中の強い動機や感情に気がつけば、本当にやる気のある人は起業するにはどうしたらいいのか、100万円を稼ぐにはどうしたらいいのか、を自分で答えを探し出し、どうしてもわからないところを僕なり、ほかの人なり、すでにうまくいっている人なりに尋ねるはずです。

実は、自分が抱いている疑問に対する本当の意味での回答は、すでに自分の中にあるのです。

それと同じようなことですが、「もっと売り上げを伸ばしたい」「営業成績を上げたい」と言って相談に来る人の中には、実はすでに自分の中に答えを持っている人もいます。

コミュニケーションを取る上で大切なのは、その答えを教えてあげるのではなく、その人自身が持っている答えに気づかせてハッとさせてあげることが重要です。

もっと正確にいえば、深層心理では気づいているものの、それができずにいる理由（こちらの理由も、意識していないことがほとんどだと思います）を取り除いてあげることが重要なわけです。

なぜなら、他人から示された解決策に従って行動して問題が解決したとしても、それは持続的なものにならず、似たようなことを何度となく繰り返す、つまり根本的な解決に結びつかないからです。人の言う通りにして解決しても、次に似たような問題でまた躓《つまず》く人を会社や学校で見たことがあるはずです。根本的な解決をしないと、まさにその状態を繰り返します。

たとえば「もっと売り上げを伸ばしたい」という営業マンがいたとします。おそらく彼のまわりには、結果を出している営業マンが何人もいるはずです。売り上げの立たない営業マンばかりでは、その会社は潰れてしまいますから。

だから、「売り上げを伸ばしたい」と言われたら「結果を出している人と同じことをすれば？」となりますが、おそらくそれは、質問してくる本人も心の底ではわかっているはずです。でもそれができないのです。

そこで、質問を重ねて気づきを与え、行動に移れるようにしてあげます。

そのときに大切なことが、最初にしっかりと質問をして、現状をきちんと自分の口に出して把握させることです。

もしも僕が、そこそこ売り上げのある上司で、ちょっと伸び悩んでいる部下が「もっと成果をあげたい」と相談してきたとしたら、まず、彼が今どういう状態なのか確認します。

現在の成績を把握し、目標を定めないことには、策も立てられません。

現状の成果と目標との差はどの程度あるのか、その差を埋めるために、今どのような努力をしているのか、その努力に足りないものがあるとすれば、それは何だと思うかを聞いていけば、自然と相手から答えが出てくるのです。

「出社してから資料を作るので、営業に出るのが遅くなっています」

「商品知識が少し足りないかもしれない」

となれば、さらにどうしたらいいと思うか聞いてみます。

「少し早起きして、1時間早く出社しないとできませんね」

「あの部署のAさんに聞きに行ったほうがいいでしょうか」など、自分で答えに気づけるのです。


でも、相談に来ているということは、そのわかっている答えができない何かの理由、心の中に何かひっかかるものがあるということです。

「毎日早出をしていたら、総務に文句を言われるのではないだろうか」

「Aさんに質問に行ったら、うるさがられないだろうか。そもそも同じ部署の先輩に聞いてからのほうがいいんじゃないだろうか」

といったような、気がかりなことがあって実行できないのです。

そこで、その気がかりなこととは何かを深掘りして確認し、解決することで相手は動けるようになるでしょう。


ここで重要なのは、答えを自覚した前と後で、その人のスキルは何も変わってないという点です。人間性も変わっていません。だから、質問してきたことができるようになるために何か努力をして変わる必要がないのです。

重要なのは、気づいているか、気づいてないか。だからこそ、気づかせる質問は非常に大切なのです。そしてその気づきを与えるために、コミュニケーション能力が求められるのです。

その相手の話をちゃんと聞くことができ、相手の抱えている問題は、自分の中の負の感情に気づいていないことに原因があるのか、あるいは答えはわかっているものの、なぜか行動できないのか、そこを見極める力が一歩踏み込んだ質問力です。それができることが、コミュニケーション能力が高いということです。

やる気に隠された惰性を見抜く質問力

今までの「本当の感情」などとは少し方向性の違った話ではありますが、深掘りして質問していくと、相手の本気度がわかってきます。

実際、僕のところにも表向きやる気満々でも、少し話を聞いてみると実はほとんど何も考えていない、ただの思いつきで相談に来る人がいるのです。

まず「起業して１００万円稼ぎたい」という相談があったとします。僕はその人の本気度を知りたいので、こんな風に話を聞いていきます。ちょっと長くなりますが、割とありがちな話なので、紹介したいと思います。

「起業したいのはわかりました。で、何を販売するのですか？」

「◯◯を売るつもりです」

「どんなふうにされるつもりですか？」

「◯◯をネットで売れば、きっと売れると思うんです」

「どういった根拠で、どうやってリサーチされたんですか？」

「……いや、してません」

「失礼かもしれませんが、僕が知っている限りだと、◯◯はなかなか売れなくて、苦労している人が多いんですよね」

「……」

「では、それはどうやって仕入れるのですか？」

「どこか、ネットで売ってくれる店や人を探します」

「えっと、まだあてはないということですね。でも、ネットで探してくるのだったら、もし◯◯を欲しいと思っている人がいたら、その人も普通にそこで買ってしまうのではないでしょうか？　何か特別にあなたのところで買うような優位点はあるのですか？」

「できるだけ安く売るとか、おまけをつけるとか」

「仕入価格より安く売ったり、おまけをつけたりしていたら、赤字になってしまいますよ。それだと、ビジネスとしては厳しいかもしれませんね……」

「そこは、なんとか利益を出せるように頑張ります。確かに最初のうちは先行している業者に勝つためにお金の面では苦労するかもしれませんが、そこはなんとか頑張ります」

「なるほど。では、お金の面は具体的にどうしますか？」

「貯金が△万円あるので、それでやっていきます」

「うーん、それだと厳しい可能性がありますね。表で書きますが、一度仕入れして、商品が売れても最初の利益はほぼ見込めないので、最初の1回くらいはなんとかなるかもしれないけれど（本当は、無理だと思いますが）、後が続きませんよね？どうしようと思っていますか？」

「誰かに借ります。親とか」

「貸してもらえるのですか？」

「大丈夫です」

「うーん、正直言って、かなりリスキーな話だと思います。失礼ですが、起業したいとかビジネスを始めたいという気持ちはわかるので、やる気に溢れてますし、その点は素晴らしいと思います。ただ、本当に○○を売ることについて、きちんと調べましたか？　ちょっと僕には疑問なんですが」

「……実は、あまり調べていません。○○が人気だと聞いて、これなら売れると思って、起業にはぴったりだと思ったのですが。ダメでしょうか……」

いかがでしょう。

こうして文章にしてみると「こんなやつ本当にいるのか？」と思われるかもしれませんが、実際にはこんな雰囲気で僕のところに相談に来る人が結構います。何かを始めたいけど、実現するための方法はほとんど何も考えていないのです。

僕の場合は、このように起業まわりの相談ごとが多いのですが、一般的な会社員の場合でも、思いつきの話をする人は案外いるのではないでしょうか。

新商品のプロジェクトや、社内組織の改革案など、よく事情を知らない人からすると素晴らしい内容に思えるものの、ある程度現場をわかっている人間が見ると、あまりに荒唐無稽なプロジェクトだったりすることは、少なくありません。

「〇〇をしたい」という相談ごとを受けたとき、僕が確認するのは、

・どうしてその事業を始めようと思ったのか、そしてどのくらいの情熱があるのか
・そしてそのためには、どのくらいのお金が必要なのか
・それを実現するためには、どのような人や組織が必要なのか
・モノをどう手配して、どう売るのか

といった点です。

この中で僕が一番重視するのは、やはり最後の「この事業を始めたい」という情熱の部分ですが、残念ながらいくら情熱があってもビジネスは成立しません。情熱のほかに、モノ、人、お金の3要素についての知識や計画性も当然必要です。

いろいろ考えられてはいるものの、微妙に何かが間違っているというのであれば、

まだ相談の余地がありますが、僕の経験からすると、悲しいことにどれもまるでダメというパターンが少なくありません。

そういうときは、しばらく話をしていればわかりますから、相談してきた人に自分で問題点に気づいてもらうように話をしていきます。

ビジネスを成功させるコンサルタントとしては、具体的な改善点を話してあげてもいいのですが、このように、あまりに準備不足（というか、思いつき）の相談をしてくる人には、まず、何が足りなくて何が問題なのかを自分で考えてもらう必要があります。

もし、このような「新しい提案」の相談を受けるようなことがあったら、先に上げた「モノ」「人」「お金」「情熱」の4つの要素を、しっかりと確認してください。

思いつきで物事が進んでしまい、途中で引き返せなくなって周囲を混乱の渦に巻き込むことがないよう、しっかりと質問をすることが大切です。

気遣い心遣いができる質問上手になろう

質問をするときには、内容によってはその目的を添えて聞くのが重要です。もちろん、すべての質問に対して目的を説明する必要はありません。

相手を「この人は、いったいどんな目的でこんな質問をしているんだろう」と不安に思わせたり、あるいは「なぜそんな質問に答えなくちゃいけないんですか」と警戒させてしまったりしては、質問で相手を深掘りするどころではありません。そこで、質問の意図を説明する必要性が出てくるというわけです。

たとえばこんな例です。

「最近Aと連絡取ってる?」

「取ってないけど……（なんでそんなこと聞くの？）」

と、ここで質問が止まってしまう可能性もあります。

そうならないために、

「AとBがあんまりうまくいってないって話を聞いたんだけど、知ってる？」
「聞いてないですねえ。どうしたんだろう」
「最近、Aと連絡取ってない？」
「取ってないです」

という流れをつくりながら、話を進めれば、相手に無用の警戒感を抱かせることはありません。

そもそも相手のことを深掘りしていく時点で、パーソナルなことを聞かざるを得ません。そこは、誰でも話しづらい部分ではあるわけで、そこに踏み込んでいかなくてはいけないのですから、デリケートに考えたほうがいい場合もあります。

また、質問の意図を明確にすることで、予想外の回答が戻ってくる可能性を下げることもできます。質問上手になって、相談上手になることも目指しましょう。

ビジネスなら「事前のリサーチ」が重要

今まで、個人と個人の関係性でのお話をしてきたので、ビジネスの場合についてもお話しします。

たとえば事業に関して初対面の人と話をする場合、相手について最低限のリサーチはしておくべきです。対企業であればホームページを見たり、その会社と取引をしている人に話を聞いたりしておくとか、事前情報の取得は絶対できます。そのような、事前に少し調べればわかることを、わざわざ対面して聞く意味はありません。

僕に関して言えば、「株式会Ｍｙｓｅｌｆ」という会社を経営していることはホームーページを見ればわかります。さらに、僕のブログを読んだり、ＹｏｕＴｕｂｅを見たりしてもらえば、やっている事業の内容や、すでに本を出版していること、大阪と東京を行き来してビジネスをやっているところまでわかります。そうすれば、僕と会って事業の話をしようと思ったら、すぐに具体的なビジネスの話に入れます。

リサーチできることはわざわざ聞かない。そして調べればわかることをわざわざ深掘りしていく必要もない。直接会わなければわからないことを深掘りして聞いていく。これが、事業に関する質問を深掘りしていく場合の鉄則です。

第5章

最高のコミュニケーション力を手に入れる STEP3

本音を99%伝える コミュニケーション術

思いを伝えて行動してもらうために必要なたった2つのポイント

「コミュニケーション」とは、人と人をつなぐ、人と自分をつなぐことだとお伝えしましたが、つながりをつくるだけが目的ではありません。本来の目的は、気持ちを伝え、相手に何らかの変化や行動を起こしてもらうことです。

そして人間が行動する動機は強い感情にあります。

僕が起業したのも、なんとなく儲けたいからというふんわりとした動機ではなく、「どうしても彼女（現妻）と結婚して幸せな家庭を築きたい、そのためにしっかりと稼げるようになりたい」という強い感情があったからです。そういう強い感情がなかったら、うまくいかなければ途中で投げ出していたかもしれないし、そもそも起業していなかったでしょう。

僕にそれだけの強い感情が今もあるからこそ、300人以上のビジネスパートナーも僕と一緒に行動してくれているのだと思います。


伝える側に強い感情がなければ相手に伝わらないし、相手の感情を揺さぶって行動を起こさせるまでには至りません。

ビジネスの現場に置き換えると、そのような強い思いが求められるのは営業マンでしょう。なぜなら営業マンのミッションは、自分がすすめる商品を買ってもらうこと。そのためには、お客さんの感情を動かして、行動させることが必要になるからです。


お客さんに商品をすすめるとき、営業マンの心に迷いがあったらどうなるでしょう。

「この商品、実はあんまりよくないんだよなあ」などと思いながら売っていたり、「とりあえず仕事だからやってるんですよ」という態度でいたりしたら、その迷いは必ずお客さんに通じてしまいます。

お客さんには、商品への興味はあっても思い入れはありません。もし思い入れのある商品であれば、お客さんは自分で進んで買ってくれるのだから、営業をする必要もありません。

営業経験のある方ならわかると思いますが、「興味・関心」のレベルから「購入」のレベルまでお客さんの気持ちをアップさせるためには、相当の苦労が必要です。

そのためには、営業マン本人の気持ちに矛盾がない状態にならないと、人を動かすだけの影響力はなかなか出ないと思います。

小手先のテクニックやセールストークではなくて、自分自身の心の中にしっかりとした商品に対する肯定感があり、自分自身の力も信じている。ブレがない。そういうことがないと、人を行動させることは難しいです。

話が少しそれるかもしれませんが、ここで「信じること」について、解説したいと思います。僕が今、起業家として成果を上げているのは、「信じる力」があるからだと感じているからです。

第1章で、起業を決めたときにメンターのもとを訪ねたことはお伝えしました。そして僕は、このメンターのもとでビジネスを学ぼうと決めたわけですが、実はそのときに相当な金額をメンターに支払っています。授業料です。傍《はた》から見れば、「危ないからやめろ」「君は騙されてるよ」と言われてもおかしくない金額です。たぶん、誰に相談しても反対されただろうと思います。

それでも僕は、メンターにその金額を払って教えを請うことにしました。それは、僕がメンターに直接会って自分の現状を話し、これからどうしたいのかを相談したとき「この人なら信じられる」「この人についていけば間違いない」と確信できたからです。

言い換えれば「この人と同じことをやれば、起業は成功する」と信じられたからです。

実は、僕と一緒にメンターの話を聞きに来て、同じように授業料を払ってビジネスを教えてもらった人は何人かいます。僕のように「絶対にこれで成功できる」と信じてビジネスに取り組んだ人もいるし、中には「本当かな？」という感じで半信半疑で始めた人もいます。

そしてビジネスを始めてしばらくして、僕たちの間には大きな差が出てきました。僕のようにメンターを信じて取り組んだ人たちの売り上げはぐんぐん伸びていった反面、半信半疑だった人たちは、まったくといっていいほど、成果を出せなかったのです。

なかなか信じられない話かもしれませんが、本当のことです。

信じる力の熱量は、人の感情を確実に動かすのです。セールスで成功しよう、コミュニケーション能力を高めようというのであれば、とにかく信じ切ることです。

ちなみに、僕は今でもメンターと良好な関係を保っています。一緒に旅行にも行くし、何かあれば相談にのってもらっています。

ここで重要なのは人の後押しができる人間というのは、自分の決断に絶対的な自信を持っている人ということです。人を信じる力も重要ですが、それ以上に自分の決断、選択、思いを本当に信じている力のことを言います。

もうひとつ、人を動かすために大切なのが「お客さん、相手の立場になる」ことです。売ろうとしている商品が、すごく良いものであることは営業マン自身がわかっているし、何がどのように良いのかもしっかりと説明できます。では、その「すごく良い」部分が、お客さんとどのような関係があるのか。お客さんにとって、その商品を購入するとどんなメリットがあるのか、そういった点をしっかりと理解し、説明できなくてはいけません。

その部分に雲がかかっていては、お客さんとのコミュニケーションは成立せず、心を動かすことはできないのです。

繰り返しますが、コミュニケーションの目的は、相手に行動してもらうことです。

そして行動をしてもらうためには、相手の感情を動かさなくてはなりません。

そこで思い出してほしいのが、そもそもなぜ、その商品に関して、営業マンである自分の心が動いたのかということです。誰かから話を聞いて感銘を受けたり、感動したりしたなどのプロセスがなければ、自分の感情は動いていないはずです。自分に話をしてくれた人は何を話し、そして自分はその話からどのような影響を受けて、感情が動いたのか。自分がお客さんに話をする際には、その点をしっかりと分析することが大切です。

話の内容なのか、ストーリーの組み立てなのか。あるいは声の響きという属人的なものなのか、話を聞いている場の雰囲気なのか。もしくは、数字で示せる論理的なメリットだったのか。そこを突き詰めて考えることで、営業マン自身もお客さんとコミュニケーションを取れるようになるのです。

経験0の初心者でも明日から使える伝える感情テクニック

伝える能力がないと、どんなに相手にとってメリットのあることでも受け入れてもらえません。

話したことが誤ってとらえられたり、そもそも興味を持ってもらえなかったりと、もったいない結果を生むことはたくさんあると思います。

話の仕方や説得の方法については、いろいろなテクニックがあり、それを身につけるためのセミナーなどもあります。でもそのようなテクニックがなくても、ちゃんとした思いを持っていて、それを伝えることができれば、思わぬ結果を生むこともあります。

僕の体験談をお伝えしましょう。

僕が起業してビジネスを始めた初月、粗利は１１４万円でした。最初の１カ月での話です。起業する前の会社員時代、僕の年収は３２０万円でした。その３分の１程度を、わずか１カ月で稼いでしまったことになります。

でも、そのときの僕に、お客さんを説得できるだけの特別な話術やスキルがあったとは思えません。それまでは、１カ月に休みが１日だけ、そして年収は３２０万円という普通のサラリーマンだったのですから。しかも、別に会社での売り上げがトップだったわけではありません。僕より営業成績のいい先輩や上司は普通にいたし、ノルマは1回も達成したことがないという具合でした。そのことは、年収320万円という収入に如実に現れていると思います。当時は、その収入が僕に対する会社の評価であり、社会からの評価だったわけです。

では、僕は実際にどうやって初月114万円という数字を達成したのでしょうか。やり方はあくまでも普通だと思います。集客して、商品の説明をして、購入してもらうという、普通の営業をやったわけです。

では、ノルマを達成できないような営業マンだった僕のどこに成功の秘訣があったのでしょうか。それは「商品に対する思いを伝える」ことに意識を集中させたことだと思います。

巧みな話術とか、ストーリーの組み立てなどではなく、商品の魅力と、それがお客さんにとってどのくらいメリットのあるものなのかをしっかりと感じてもらう。そこに注力して、熱い思いを込めて話したことによって、お客さんの心を動かし、114

万円という売り上げを達成することができたのだと思います。

人に何かが伝わるというのは、そのことが多少なりとも自分に関係のあることだからです。

人は、自分に関係のないことは想像できません。

自分がプロ野球のどこかの球団のファンだったとしましょう。野球に興味のない人に、いかにその球団の素晴らしさを説明しても、おそらくまったく伝わらないでしょう。相手に何かを伝えるために必要なのは、相手の感情にフォーカスすることです。伝える能力を上げようと思ったら相手の行動のもととなっている感情とその原動力をキャッチすることが、非常に重要です。

そしてまた、自分がいくら強い思いを持っていたとしてもそれをうまく伝えられなかったら意味がありません。そこで、伝え方のノウハウとしてあるのが、人が引き込まれるようなストーリーづくりです。

これは、ありもしないうまい話をでっちあげるわけでも、巧みな話術で相手を煙に巻いていつの間にかサインをさせてしまうということでは、当然ありません。

人は誰でも、楽しいことには反応しやすいのです。

たとえば、僕は映画が大好きで、大学生のころは年間で300本くらい観ていました。今でも時間があるとよく映画館に行くのですが、映画館に行くと、たいていの場合約2時間という時間と2000円くらいのお金を費します。映画を観ても、経済的に得られるものはありません。時には、人生を変えてしまうほどの感動を覚える映画に出会うこともあるかもしれませんが、それだってそうそうあるわけではありません。

では、なぜそのような経済的なメリットもなく、貴重な時間とお金を費すような映画を観に行く人が多いのかといえば、それは「楽しい」「面白い」という、感情を強く揺さぶられる体験ができるからです。

人が出会ったり別れたり、事件に巻き込まれたり、何度も危機に陥りながらも逃げ延びたり……。

自分の感情が強く動くようなことが映画の中では次から次へと起こるので、それを楽しみに、映画を観るわけです。何かの理屈を知りたくて映画を観るわけではありません。「感動したい」「笑いたい」と思うから映画を観るのです。

商品をお客さんに説明するのもそれと同じことです。たとえば、リフォーム用の商材などであれば、商品の耐火性が優れていることを説明するときに、「○度という高温の火にさらしても、燃えることはありません」と説明をするよりも、エンターテインメント性豊かに、実際にテーブルコンロなどの火にさらしても燃えないところを見せ、「ほら、全然燃えないですよ!」と説明したほうがお客さんには伝わるでしょう。

繰り返しますが、人が動くのは理屈より感情なのです。

感情とは、行動するための動機づけで、それがないと人は動きません。だから、コミュニケーション能力を高めて、そういう動機づけを相手にしてあげることが大切なのです。

自己破産のストーリーは最高の〝芯〟

伝える能力を上げようと思ったら、もうひとつ重要なのは、まず自分自身に芯が必要ということです。

自分自身がどういう生き方をしてきたのか、そしてこれからどのように生きていきたいのかという、しっかりとした自分自身の思いや感情がなければ、どのような内容だとしても、なかなか相手には伝わらないと思います。

自分の中に芯がなく、ふわっと生きている人は、そもそも自分の思いや感情に対しても熱がないわけですから、その状態でほかの人の感情を動かすというのは、難しいのです。

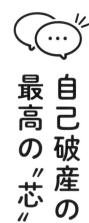

たとえば、一生懸命にボランティアに打ち込む人を見ていると感動するし、その人の話は、きっとほかの人の心を打つと思います。それはなぜか。その人の生き方にはしっかりとした芯があり、その芯をつくった、強いバックボーンとなる経験があるからです。

自分が何かの災害にあったときにボランティアの人が不眠不休で助けてくれたとか、あるいはボランティアに打ち込んでいた親友が不慮の事故で亡くなり、その思いをつなぎたくてボランティアを始めたなど、自分自身の行動に大きな影響を与える強い体験やストーリーがあるはずです。

そのような強い思いがあるとないとでは、人に何かを伝える力、つまりコミュニケーション能力に大きな差が出てくるのです。

僕の場合だと、父が自己破産していることが僕の人生に大きな影響を与えています。お金がなく、生活は非常に厳しいものでした。

裕福じゃなくてもいいから、せめて普通の暮らしをしたい。切実にそう思いました。やはり、生きていく上である程度のお金は必要です。

「お金がなくても心が豊かならば」という考え方もあるかもしれませんが、お金がないことは、きれいごとではすまされません。お金がないと、やはり心が貧しくなります。

僕の両親は、互いにほとんど口を利いていなかったのですが、年に何回か話をするときがありました。それが、お金のことで喧嘩をするときです。たまに夫婦で口を利いたと思えば、お金のことで喧嘩をしているのです。僕は本当にうんざりしていたし、あまりにもカッコ悪くて、こんなことを相談できる友だちもいません。

そういうこともあって、自分の中で幸せな家庭にすごく憧れがありました。だから、自分が家庭を持つときは、お金のこと、家族と一緒にいる時間のことなどすべての面で、幸せな家庭を築きたいと心から思いました。それが、自分の人生のミッションであり、芯となっている部分です。

僕は起業して、こうしたバックボーンをもとに、パートナーやクライアントに話しています。自分はこういう人間で、バックにはこういう体験があったこと。そして、自分の思いがあって、それを叶えるために、今、こういうことをやっているということ。

そういったことにお客さんが共感してくれて、商品の購入につながっているのだと思います。自分の軸とかストーリーがないと、相手の心を動かすことはできず、話や気持ちは伝わりません。

もちろん芯となる部分は人それぞれ、なんでもいいと思います。無理に立派なストーリーをつくる必要はありません。今の自分が正直に語れる範囲で、自分の芯は何なのか、ぜひ考えてみてください。

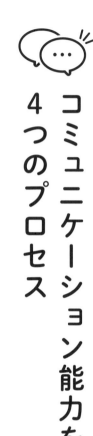

コミュニケーション能力を学ぶ4つのプロセス

さて、今までコミュニケーション能力を高めるための、自分の在り方について解説してきましたが、コミュニケーション能力を向上させる近道は、何といっても、実際にコミュニケーション能力が高い人に触れることです。

学びのプロセスは4段階あります。①文章を読むこと、②音声で聞くこと、③電話などで対話をすること、④そして実際に対面して話を聞くことと、順を追って、より効果的になると思っています。だから、コミュニケーション能力を高めるためには『コミュニケーション能力を上げる方法』といったような本を読んだり、音声の教材を通勤中に聞いたりするよりも、実際にコミュニケーション能力の高い人に会いに行って、話を聞いたほうが近道だと思います。

そのような人と直接会って、実際のやりとりのなかで、質問の方法や話の仕方、身振り手振り、声のトーン、相槌の打ち方など、コミュニケーションに必要だと思われるものをどんどん吸収していくわけです。


コミュニケーションだとピンとこない人がいるかもしれないので、恋愛の場合を考えてみましょう。恋人は欲しいけれど、異性と話をするのがとても苦手と感じている人は結構いると思います。

そういう人は、ノウハウ本を読んだり、『恋人ができる方法』などという動画教材を見たりしていろいろと知識を仕込んだところで、恋人ができるようにはならないでしょう。恋人ができるどころか、むしろちょっと気持ち悪い人になってしまう可能性のほうが高いような気がします。


ではどうするか。

これは、実際に異性にモテる人と一緒に行動してみるとか、あるいは婚活パーティー、街コンなどのイベントに出かけていって、無理やりにでもコミュニケーションを取らざるを得ない状況に自分を追い込むのが一番です。そして場数を踏みながら、自分自身を変えていくのです。本を読んだり、動画を見ただけで今の自分を変えることなく、急にモテ始めたり、恋人ができることは考えづらいでしょう。

コミュニケーション能力を高めることもそれと同じです。いろいろな教材で知識を増やしていっても、現実の自分を変えなくては実際のコミュニケーション能力が高まることはあり得ません。

「今の自分にコミュニケーション能力が不足している」と思うのであれば、現実にコミュニケーション能力の高い人はどのように考え、行動しているのか。それを実地で学び、体験していくことが重要なのです。行動するために必要なことは、本や動画からは学べません。実際に行動して、その結果を自分自身にフィードバックして、さらに磨きをかけていくのが、一番の方法であり、近道なのです。

100回我慢しても1回は本音を言おう

コミュニケーションについて、勘違いをしている方もいるかもしれませんが、上手なコミュニケーションとは、波風を立てずに何ごともなくやり過ごすことではありません。必要なこと、伝えるべきことは伝え、その上で問題があるならば、しっかりと話をして解決をする。コミュニケーション能力が高いとは、そういうことができることでもあります。

会議などでも、黙ったまま置物や地蔵のようになっている人や、「意見を出してください」と言われてもずっと黙ったままの人、周囲の顔色をうかがいながら、「自分の表情で察してよとか」「空気読めよ」と訴えかける人は、必ずいるものですが、それではダメだと思います。いいならいい、ダメならダメと、ちゃんと伝えるべきでしょう。

何かを言われて「はい」と答えておきながら、実はわかっていない、了解していないという人もよくいます。

理解も肯定もしていないけれど、その場を取り繕《つくろ》うためにひとまず「はい」とだけ答えておくのです。

その考えの奥にあるのは「自分の顔の表情で察してほしい」「雰囲気で賛成してないことはわかるでしょう？」という、無言のコミュニケーションが成立しているという思い込みです。最初のほうでも話しましたが、以心伝心はないと、僕は考えています。

「はい」と答えられたら、「はい」なわけで、それを前提にして物事は進んでいきます。

このように本音を言わないと、自分自身に対しても、大きな負荷がかかると思います。

最近、うつ症状を訴える社会人が増えていますが、これもアウトプット不足がひとつの要因になっているのではないかと思います。

「こんなことをできないと言っては出世に響くから、無理してでも進めよう」とか「これを言ったらまずいことになりそうだから黙っていよう」とか、自分で自分に負荷をかけ、その結果、心のトラブルを引き起こしてしまうことは少なくないと思います。コミュニケーション上手な人とは、自分の言いたいことを無理に抑える人ではありません。

他人の評価を気にしすぎると、結果的に自分を追い込むことになります。

とはいえ、今まで自分を抑えてきた人にとって、いきなり「言いたいことをいつでも言える」ようになることは難しいでしょう。

そこでまず試してほしいのが、100回は我慢しても、1回はちゃんと本音を言うことです。いつでも本音を言っている人や、困ったことがあると状況を正直に話せる人はオープンだから、まったく気にしないかもしれませんが、普段自分を抑えている人は、最初の1回のハードルが、かなり高いと思います。100回沈黙していてもいいから、「この場面では黙っていてはダメだ」と思ったら、その1回は、本音でちゃんと話そうと決めれば、意外にハードルは下がっていきます。

最初は難しいことだと思っても、何でも1回やれば慣れるものです。1回やってみて「こんなことでいいんだ」と思えるようになったら、無理なことは無理、わからないことはわからないと話せるようになるでしょう。

実は、他人は、自分が思うほどには人の発言を気にはしていません。いつも大声で自分の都合ばかり言い立てるような人には辟易《へきえき》しているかもしれませんが、それはその人が悪い意味で目立ってしまっているだけです。

普段あまり発言しない人が、たまに「それは違う」「それは困る」と言ってみても、波風が立つことはまずありません。むしろ「ああ、そうだったのか、それは気がつかなかった」「なるほど、そういう視点もあるのか」という具合できちんと検討材料にしてもらえることのほうが多いと思います。

それくらいのことを言ったからといって、評価が下がることはまずないでしょう。

会社にとっては、どこかで無理や不具合が生じてビジネスに支障が出るほうが大きな問題なのです。そうであれば、そうした不安材料は少ないほうがいいに決まっています。

無理な仕事で問題が発生したり、クレームが起こったりした場合でも、何も言わずに自分で何とかしようというのは、責任感が強いのが間違った方向に行っているのだと言わざるを得ません。

本音を言いづらいときであっても、コミュニケーション能力を発揮して、問題をより円滑かつ早く対処できたほうが良いわけです。ぜひそういう思考になってほしいと思います。

第6章

最高のコミュニケーション力 実践編

誰にでも"できる人"と思わせる すごい社内コミュニケーション

人が大好きだからこそのFree戦略

今まで、コミュニケーション能力の身につけ方を解説してきました。

ここからは、その能力を実際にどのように生かしたら良いか、具体例を交えながらお伝えしたいと思います。

ここでは、社内の上下に挟まれてコミュニケーションに苦慮することが多いであろう中間的なリーダー層を主な対象として書いていますが、基本的にはどのような立場の人でも使えるノウハウです。


さて、まずみなさんに質問です。

次に紹介するAさんとBさんでは、どちらが「強い社員」だと思いますか？

AさんとBさんは、どちらも営業部の中堅社員で、Aさんはいわゆるトップセールスマンです。どんな方法を使っているのかわからないけれど、新しい得意先を開拓したり、既存の顧客にも着実に営業をかけたりしてしっかり数字を残していく。周囲から一目置かれる、営業部のみならず、社内のヒーローです。

でも、Aさんは社内の人間と積極的にコミュニケーションを取ろうとせず、むしろ自分の成績を維持することのみに関心があり、部下の育成にも興味がないようです。同僚や部下も、Aさんに相談したいことがあっても、ちょっと近寄りがたいと思っているようです。

一方のBさんは、自分の売り上げは平均レベルで突出した部分はないものの、とても面倒見のいい人です。自分とは違う部署であっても悩んでいるような後輩がいたら飲みに誘ったり、同僚に営業先を紹介したりと、直接的に自分の成績には結びつかないことでも積極的に取り組む、いわば部内の潤滑油的な存在です。同僚はもちろん、後輩の中にも、営業成績だけを考えればBさんよりも上の社員はたくさんいます。それでもBさんは何かとみんなの世話を焼いているせいか、彼のことを悪く言う人はほとんどいません。

さて、みなさんはどう思いますか？

会社にとって「頼れる」「強い」社員は、当然Aさんでしょう。会社の目標は利益の向上です。その意味では、常に得意先を開拓したり、売り上げをつくってくれたりするAさんは非常に貴重な存在であることは間違いありません。

Aさんのおかげで、多少成績のよくない営業マンがいたとしても全体で業績を上げられるわけですから。Aさんが抜けたら、会社は大きな痛手を負うことになるはずです。このヒーローを目標に営業成績を上げようと頑張る社員はいるでしょうし、その意味ではいい刺激になる存在です。

しかし、この本の最初のほうでお伝えした、これからの会社員に求められる能力が何だったかを思い出してください。

そう、コミュニケーション能力ですね。人から信頼を得て、人と人をつなぐことができる能力です。その点から考えたら、Bさんが部内で果たしている役割は、決して小さなものではありません。

抜きん出た営業成績を持つAさんの代わりになれる社員は、会社全体、あるいは業界全体を見渡せば少なからずいるかもしれません。しかし、部内の人間関係に目配りをし、コミュニケーションを円滑にしているBさんの役割は、一朝一夕《いっちょういっせき》で担えるものではないのです。

僕が考える一番強い社員とは、「自分のためではなく、まわりの人のために何かができる人」です。

「この人は何でも頑張るし、自分の成果を求めるだけじゃなくて、部下の面倒を見たり、上司が忙しくてできないことまでフォローしてくれたりする」となれば、まさに部内はもとより、社内になくてはならない存在です。

当然、その人の評価は高まるはずです。

誰でもみんな、自分のことに精一杯な状況です。

それにもかかわらず、人の面倒まで見ることができる。自分のためだけを考えるのであれば、やらなくてもいいことをみんなのためにやる。そういう人は、上司、部下、クライアントなど接点のあるすべての人から信頼される存在になるでしょう。

僕も実際に、自分がやらなくてもいいことを進んでやっています。誰かにやってほしいと言われたことでもなく、時間を使ってやったからといってお金が入るわけでもないことを、かなりやるのです。

たとえば、自分とは利害関係のないビジネスパートナーと食事に行くことがよくあります。そして食事をしながら、ビジネスの相談にのったり、僕の体験から役に立ちそうな話をしたりします。

僕と彼との間には利害関係がないので、僕が彼にハッパをかけて売り上げを伸ばすことに成功したとしても、僕には何の利益もありません。むしろ、ビジネス面から考えたらやらなくていいことなんです。

だったら、なぜ貴重な時間を割いてそんなことをするのか。

それは純粋に、僕の持っているノウハウや成功するために必要な考え方などを彼とシェアすることで、彼のビジネスがいい方向にいってほしい、そしてこれからも彼がビジネスで成功できるよう、いい関係をつくっておきたいと思うからです。そして僕には、そんな相手が何人もいます。

僕は、コミュニケーション能力の高い人は「自分が持っているノウハウやスキルをまわりに還元できる人」だと思っています。それは当然ですが「俺は頑張ってるよ」とか「俺はこれだけできたよ」という自慢話をみんなに伝えるためではありません。自分が会社や組織に対して貢献できたこと、自分がやってうまくいったことのスキル、方法などをみんなにシェアする。そうすることで、全体の売り上げや組織運営が向上、改善していくのです。

そういったスキルやノウハウをみんなとシェアしたからといって、自分の得意先や新規の取引先を取られてしまい、自分の業績が悪くなることはまずありません。

正直、現状では、僕のまわりには僕ぐらいまで実績がある経営者はいません。どうやったら売り上げを伸ばせるか、どうしたら組織をうまく回せるかについて、出し惜しみなく、まわりの人にどんどんそのノウハウを伝えているにもかかわらず、です。

なぜそうなるか。それは、みんなのビジネスの成功につながるからです。自分とは直接的な利害関係がなくても、取り組んでいるビジネス全体が底上げされれば、当然自分の売り上げも伸びるわけです。みんな覚悟を決めて起業したのに、思うように行かずに結局やめてしまうというのはあまりにももったいない。せっかくなら、全員でハッピーになりたいじゃないですか。

ビジネス的な観点で言うと〝Free戦略〟といってアメリカの総合誌「WIRED」の当時の編集長クリス・アンダーソンが2009年に出版した著書『フリー〈無料〉からお金を生みだす新戦略』（NHK出版）によって有名になったビジネス戦略と言えます。

無料で良いものを提供すると、より売り上げが上がるという考え方です。

僕は売り上げよりも、その人の人生がより良くなるのが一番だと確信しています。そんなコンサルタント業に誇りを持って業務に取り組んでいます。

ビジネスだけで割り切れない関係が信頼関係となり、円滑なコミュニケーションを生み出し、そのような概念に結果的に当てはまっていると思っています。

また、売り上げは短期のものですが、人との関係やその人の人生は長期的なものなので、資産性の高いこと、将来につながることを常に意識してパートナーと接しています。

僕の場合は経営者なので、その目線での話をみんなに伝えますが、自分のスキルやノウハウをシェアする効果は、経営者でも企業で働くビジネスマンでも同じだと思います。そういう動き方をしていくなかで、人を紹介され、新たなつながりもできるかもしれない。さらなるコミュニケーション能力の向上にもつながるのです。

ただし、ここで注意するべきことが、自分が会社や組織から、いったい何を求められているのかを理解する必要があるということです。何をすれば、自分が今いる環境がよりよくなるのか。それをちゃんと理解しておかないと、せっかくのスキルやノウハウをシェアしても意味がないどころか、ただの迷惑な人になってしまうのです。

たとえば会社全体の売り上げを伸ばす作戦として、既存顧客の満足度を上げよう、となったとします。そのとき「社内のリソースが既存顧客のほうに振り分けられたら、新規開拓が手薄になるはずだから、自分はそちらの動きに注力しよう」と考えるのであれば、それが上司に評価されるケースはあるかもしれません。なぜならそれは「全体の売り上げを伸ばす」という本来の目的の達成を補完することでもあるからです。

でも、このタイミングで「わかりました、事務頑張ります！」と伝票整理のような事務作業に注力し始める人は、評価されると思いますか？

年末の大掃除のような場合ならともかく、顧客の満足度を上げようというときにいくら事務を頑張っても何の評価にもならないし、逆にいらない人になる可能性すらあります。

だからこそ、会社が何を求めているかをしっかりととらえ、自分の持っているスキルやノウハウをどのように生かせばよいか、しっかりと理解しておきましょう。

会社が今、何を求めているのか、自分は、そして仲間の社員はそれをどうやったら満たせるのかをちゃんと理解する。自分への評価を高めるという意味だけではなく、

リーダーとして必要なコミュニケーション力

組織への貢献度を高めるためにも、会社の目的をしっかり把握することは重要です。

1 全員が仕事しやすい状態やルールをつくる

会社や組織が求める目標を把握したら、達成のためには、働きやすい環境をつくることが必要です。現状のオペレーションにみんなが動きづらさを感じていたら、その改善に努めましょう。全員が仕事をしやすいように、ルールづくりなどの環境整備を進めるのです。

ルールというのは、出社や退社時間などの社内規則のようなものではなくて、もっとビジネスを円滑にして売り上げを伸ばすための、建設的なルールです。

たとえば、「今やろうとしていることにはこういう意図、目的があるから、それを達成するために毎週、打ち合わせをしよう」といったように、みんなの意識を高めるためのルールです。

そしてそういったルールを決めたら、習慣になるまでやめてはいけません。習慣になれば、「この打ち合わせのために何かをしなくては」という特別な意識がなくなります。目標達成のほうに意識が向き始めたということです。このように、働きやすい環境を整えて、みんなによい習慣が身につけば、ビジネスのサイクルもいい方向に回り始めます。

2 相談しやすい・されやすい環境

リーダー的な立場にある人が、部下からプロジェクトの進捗などの報告をルーチンで受けることが定着している会社は多いと思います。

ただ、悩みごとなどの相談となると、どうでしょうか。

単なる報告と違い、相談となると、ある程度踏み込んだ話をすることになるので、部下としてもおいそれと声をかけるわけにもいきません。部下から相談を受けるにしても、よほどでないと向こうから相談には来こないと思います。

ただ、いくら良い環境を構築できたとしても、日々仕事をしていれば、不満や疑問は当然出てきます。「相談がないから」と放置しておいていいものではありません。

だから、相談しやすい環境づくりの前段階として、上司と部下の間でコミュニケーションが取れていることが重要になってきます。この場合のコミュニケーションというのは「仲良くなる」ことと同じですが、この「仲良くなる」ことそのものが苦手という人は多いように思います。

第3章でもお伝えしましたが、仲良くなるための基本は、相手と自分との接点、接触回数を増やすことです。そのためにも職場全体として、部下が意見を言いやすい雰囲気をつくることが大切なのです。

そうはいっても、上司があまりにも忙しそうで声をかけづらく、かといって相談する相手もいないので、結局部下が自分で抱え込んでしまうことは結構多いと思います。上司本人はそういうつもりがなく「困ったらいつでも聞きに来て」と言っているとしても、忙しそうな雰囲気を察したりすると、やはりそうそう声をかけられるものではないでしょう。

自分としては、接触回数を増やすためにいつも部下とオープンに何でも話し、風通しのいい職場環境をつくっているつもりなのに、部下が悩みを抱えて病んでしまったりする……。

そんな風に、もしマネジメント層の人が自分の目がどうしても行き届かないと思ったら、部下が横同士でつながれるような環境をつくってあげればいいのです。部下同士であれば、上下は関係なく同列です。横同士で飲みに行って仲よくなれば、上司に言いにくいことも気兼ねなく話せるでしょう。

それによって、部下もひとりでストレスを抱え込まなくてすむようになるし、上司も部下の相談にのってあげられないという悩みから少しは解放されるはずです。

僕も、可能な限りパートナーやその下で働いてくれる人たちとの接触回数を増やそうと努力していますが、どうしても限界があります。ですから「どうせ愚痴言われるんだし」と割り切って、部下同士の接点をつくってあげるようにしています。

たとえば上司と部下が、飲みに行く約束をしていたとします。でもその日、上司に急な会議が入ってしまい、行けなくなってしまった。そのときにどうするか。「上司が来ないんだから、飲み会は中止にしたほうがいいと思うよ」というのが普通かもしれません。でもそれでは、管理職としては物足りないふるまいでしょう。

「自分たちで飲みに行ったら？」と上司が部下にお金を出してあげるくらいの方が職場としていいと思います。


もちろん部下同士でも、横のつながりができるような流れをつくっていくべきです。場合によっては、ロクに部下の相談にのろうとしない上司もいるかもしれません。

そのようなときでも、横のつながりがしっかりあれば、相談にのってもらえることもあるはずです。上司に何でも言える環境づくりが理想ではありますが、自分たちでも積極的に、横同士のコミュニケーションを活発にしましょう。

3 上司が相談できる部下をつくっておく

一方で、上司の立場に立った場合、相談できる部下をつくっておくことも大切です。

以前は、非常に優秀だった部下の営業マンAが、最近どうも成績がよくなく、かつてのような勢いがない。そのような場合、「最近Aくんが調子悪いようだけど、何かあったのかな？」などと上司から相談できる部下がいると、上司本人はもちろんですが、組織のマネジメントにとっても大きな強みになります。

組織のコミュニケーションとは、どんなに盤石《ばんじゃく》に見える組織であっても、いつほころびが出るかわかりません。なぜなら、マネジメント側が組織内の不満を回収する仕組みがない場合がほとんどだからです。

そしてまた、マネジメント側は、そのような不満になかなか気づきにくいことが多いです。

その結果、何らかの不満が引き金となり、うまく回っていたサイクルが逆回転を始めるというケースもままあるのです。

そのようなときに「部内の雰囲気にちょっとまずいことがあります。時間をつくって話をしたほうがいいと思います」という報告をくれる部下がいたら、トラブルを事前に防ぐためにも非常に有効です。ガス抜きといったら変ですが、部下からの相談を受けるときのステップにもなります。

ただそのとき注意するのが、部内の状況を把握するのは自分の保身のためではないと明らかにしておくことです。目的は、あくまでも部下によい環境で仕事をしてもらうことです。そこを勘違いしてしまうと、相談されても的確なアドバイスはできないし、かえって不信感をつのらせてしまうでしょう。

部下が上司に相談するのは普通のことですが、よりよい職場環境をつくるためにも、管理職も相談できる部下を持つことが大切です。上司と部下のお互いが相談上手になるように心がけましょう。

4 期待した結果が出ない部下・同僚とのコミュニケーション

「部下同士の横のつながりができ、上司と部下の間で話ができる環境も整えた。これで社内のコミュニケーションもスムーズになって、業務も円滑になるだろう」

残念ながら、そう期待しても必ずしも目論見通りに状況が改善するとは限りません。

コミュニケーションが取れる仕組みをつくったとしても、実際に働いている社員が何らかの悩みや問題を抱えていたら、それが原因で、いいサイクルでビジネスを回せなくなることもあるからです。

たとえば、「もうリカバリーはできない」というタイミングで、あるプロジェクトの進捗の遅れがわかった場合、どうしたらよいでしょうか。

プロジェクトの進め方を再検討するのが最優先ではありますが、担当者の意識を確認することも大切です。

なぜなら、担当者自身が気づいていないレベルで何らかの問題を抱えている可能性があり、深掘りしてそれを解決しなければ、また同じようなことが起こるのは必然だからです。

上司と部下の間で、次のような会話がされているとしましょう。

「なかなか進行していないようだけど、A社とB社の件はどうなった？」

「すみません」

「すみませんっていうか、何か原因があるの？」

「実はCさんからもらうはずの報告が遅れていて、それで進められていません」

「ちょっと待って。それは、ずっと前からわかっていたことだよね。なぜ今まで報告できなかったの？」


そして、ここからの聞き方が重要になります。

本人がうっかり忘れていたのか、あるいは当然わかってはいたものの、上司に切り出せなかったのか。そこで対応が違ってくるからです。そこを深堀して原因をつきとめ、クリアにしていかないと、信頼関係は構築できません。

僕にもたくさんのビジネスパートナーがいますが、当然その中には、設定した目標を達成できる人とできない人がいます。そして、目標を達成できない人のほうが、やはり圧倒的に多いのです。

なぜそうなるのかというと、方法が間違っているなど具体的な問題点に行き着く前に、本来やらなければいけないことをやっていないからです。そしてその原因はといえば、ほとんどの人が抱えているパーソナルな問題に由来するのです。

自分に自信がない、やったことがない、頑張ったことがない……など、いろいろと理由はあります。

僕がここまでやれているのは、父が自己破産したおかげでつらい生活を送ってきたからだと何度もお伝えしていますが、逆に言うと「できない理由」も、同じような、育ってきた環境によるところが多いのです。そのような点を深掘りして本当の理由を探り、解決していく必要があります。

5 役割を分担したコミュニケーションを取る

また、部下が期待していた結果を出せなかった場合、役割分担が適切だったかどうか検討することも重要です。営業マンが会社にいて、在庫の確認や伝票の突き合わせをやっていても売り上げは伸びません。外に出かけてお客さんに会い、商品を売ってくるのが仕事なのに、会社で倉庫の整理をやっていてもお客さんには会えませんから、売り上げが伸びるはずがありません。

会社員時代の経験ですが、僕は営業マンという職種だったにもかかわらず、現場に行って職人さんと話をすることがよくありました。でもこれは、営業の仕事ではありません。

職人さんと話すのは、現場監督などの現場の担当者です。

でも会社が求めているのは、人手が足りないとか人件費を削減したいといった理由で、仕事も取ってこれて、かつ現場も見ることもできる人なわけです。

自分の場合、それにぴたりとはまってしまったのですが、本来はそんなことはやってはいけません。営業マンとしての職種を考えたら、現場に行って話をしている時間があれば、新しいお客さんを開拓していなければいけないはずなのですが、その時間がほとんどとれない。

だから結局売り上げも伸びず、ノルマも達成できずという状態になってしまうわけです。一応「技術営業」という立ち位置だったこともあり、自分としては、会社の言う通りに動いているだけなのですが、「なんでこうなっているんだろう?」と疑問でした。

こうした経験もあり、僕は役割分担が重要だと思っています。営業、総務、経理など、自分が果たすべき役割がきちんとわかっているから成果を出せるわけです。そこの仕切りが曖昧《あいまい》なままで、社員が自分の能力を発揮するのは難しいと思いますし、そもそも、誰が誰に何を伝えればよいのかよくわからず、コミュニケーションロスも発生するでしょう。これでは、ビジネスがきちんと回るのか疑問です。

僕の場合、スタッフが、各自自分のやることが曖昧にならないよう、毎日のようにリーダーであるパートナーとグループミーティングを持って、スタッフそれぞれが自分たちの役割をちゃんと理解し、それを実行できているか確認しています。

ここではリーダーが現状を具体的に把握できているかが非常に重要で、そのためにいわゆる「報連相《ほうれんそう》」は欠かせません。イメージだけで「なんとなくうまくいっているようだ」と考えるのが、一番危険です。

そういうミーティングを通じて現状を把握し、必要であれば改善策を考えて指示を出します。「この子は今こう困っているからこのようにしたほうがいい」とその場で言うわけです。

そして、それぞれの役割に応じて何をするべきかがわかったら、次にすることは、誰が何をいつまでにするかという具体的なアクションを決めることです。

たとえば「今まで4軒だった訪問を10軒にする」といった具体的なアクションを、いつまでにこういう方向性でやると決めるのです。

これを決めないと、結局「あの件、誰がやるんだっけ?」となってしまいがちです。

そしてこのときに重要なのが、リーダー自身が一番動くことです。

上に立っている人間が実際にやらないと、説得力がありません。自分ができないことを下の人間に指示して、それができないことを責める上司もたまにいますが、コミュニケーションの点では、それは最悪です。部下からすれば「だったらお前がやってみろ!」となって、ビジネスがいい方向に回るはずがありません。

役割分担を明確にして、リーダー、スタッフともに自分のするべきことをきっちりとやっていく。それがコミュニケーションの根本だと理解してください。

6 大きな失敗を心に刻ませる――失敗からどう学ぶか

部下が失敗をしたときにどうするか。これは、マネジメント層にとっては大きな悩みだと思います。むやみに叱りつけてはパワハラになりかねないし、かといって甘い気持ちで見過ごすわけにもいきません。

ここで肝心なのは、その部下が二度と同じ失敗をしないことです。人間の習慣とは、なかなか抜けないものです。スケジュールを確認し忘れた、上司や関係者に確認・報告せずプロジェクトを進めてしまった、社内調整をしていなかったなど、ミスにつながりがちな習慣は、どこかで断ち切らなければなりません。

そのためには、言い方は悪いですが、失敗をした相手の心をえぐるくらいのことが必要です。自分がどれだけの失敗をしたのか、深く心に刻みつけるのです。お客さんから大クレームがつくようなことをした記憶は決して忘れないだろうし、同じことを繰り返さないためにどうするか、真剣に考えるでしょう。

実は僕も、会社員時代に大失敗をしたことがあります。

玄関のドアを取り替えたいというお客さんがいました。取り替える目的は、玄関の中にバイクを置きたいからで、そのためには左右のどちらからでもドアが開くようになっている必要がありました。

それでそういったドアを用意したつもりだったのですが、実はそのドアが右側からしか開かず、バイクが入らないことがわかったのです。これは非常にまずい事態で、あまりのことに僕はその失敗を隠そうとしましたが、隠せるはずもありません。下手にごまかそうとしたのが余計に火種となり、大炎上です。

当然ですが玄関は再度工事することになり、僕は会社に5、60万円の損害を与えてしまいました。休みがほとんどなかったり給料が安かったりと、働く環境についてはは不満だらけの会社でしたが、このトラブルについては弁解の余地はありません。

僕は上司が苦手で、なんとなく避けながら仕事をしていたので、当然報連相などはしていませんでした。しかし、その連絡漏れのためにこれだけの損害を出してしまったのです。金額もですが、会社の信用をも落としてしまいました。それ以来、都度、僕は上司に報連相を欠かさずするようになったのです。

人は、こういった大きな失敗をしない限り、問題点に気づかないものです。その失敗をどのように相手に実感させ、同じことを繰り返さないためにはどうしたらいいのかを考えさせることが重要です。

よく「こういうことはよくあるから」などと言って部下の失敗をやりすごす上司もいますが、これは最悪だと思います。部下を叱って嫌われたくない、面倒なことを起こしたくないという姿勢が透けて見えます。

確かに、人を叱ることは自分自身も嫌な気持ちになるし、「面倒くさい上司」と嫌われるかもしれません。でも、部下を伸ばし、同じことを繰り返させないためには、自分がどんな失敗をしてしまったのか、部下に認識させなくてはいけません。

ここで注意してほしいのが、ただ単に感情にまかせて怒りを撒《ま》き散らしているのでは、ただのパワハラです。

叱ることとの根本には「部下によくなってもらいたい」という気持ちがあり、それが部下にも伝わっていることが必要です。

そこで重要なのが、コミュニケーション能力です。日頃から部下との接触頻度が高く、お互いに普通に話ができる環境があり、信頼関係が築けているのであれば、多少厳しいことを言っても部下の心が離れることはありません。

実際、僕は何かあるたびにパートナーの心をえぐるようなことを言っていますが、それが原因で僕から離れていった人はほとんどいません。それは、僕が常日頃からパートナーと接触し、良好なコミュニケーションを保っているからです。

普段のビジネスをうまく回転させるだけでなく、問題が発生したときのためにも、良好なコミュニケーションを維持しておくことは大切です。

7 上司が怒る意味を理解する

今までの話を部下の立場から見た場合、上司から嫌なことを言われたときは、その本当の意味をキャッチしろということです。

上司からすれば、わざわざ労力をかけて叱る必要もないわけです。

部下が起こしたトラブルは、結局は上司の責任になります。社内的にあれこれと面倒なことを考えるよりは、さっさとトラブルを処理して終わりにしてしまえばいいわけです。

それをわざわざ「そもそも、なんでこうなったの？」など細かく部下を追い込んでいくのは、相当な労力が必要です。何をしても給料は変わらないのですから、そのような労力をかけるだけ損だという考え方も十分にありえます。

では、なぜよい上司は部下を叱るのか。それは、部下が同じことを繰り返さないようにしてほしいという一心です。部下に育ってほしいという強い気持ちです。

「日常的に会話をして、なんでも話せるよい上司だと思っていたのに、ちょっと失敗したら豹変《ひょうへん》して自分のことを責め始めた」という経験のある人は、その上司は自分のことを育てようとしてくれていたのだと理解してください。

自分からすれば「大したことはない」と思っていても、実際には多くの人を巻き込む重大なミスということはよくあります。そういったことを上司は伝えたかったのかもしれません。

上司のキツい言葉は部下への期待である。そのことをぜひ、理解してほしいと思います。

部下と自分の「できない」症候群改善メソッド

やるべきことができない部下をどうするか。もう少し実務的・具体的なことをお伝えしましょう。

たとえば、スケジュールを忘れることが多い場合は、物理的にスケジュールを可視化することが有効です。

たとえばＧｏｏｇｌｅカレンダーのような、オンラインでのスケジュール管理ができるものであれば、ＰＣとスマホがあればどこでもスケジュールを確認できます。朝のミーティング時などに、全員でＧｏｏｇｌｅカレンダーでその日の予定を確認し、特にスケジュールを忘れがちな人はアラーム設定をするなど、とにかく予定があることに気がつくようにすることが重要です。

ここでもし時間がないことに気づいたら、今日中に必ず達成しなければならないことは何か、優先順位をつけます。

「これの重要度はどの程度？」「今日のタスクって何？」と聞き出し、その結果「この仕事は明日に持ち越せるよね。それよりも、こちらのほうが優先度が高いから、こちらをやってください」と、やるべきことを明確にします。そして、「その作業が終わるまで帰れないよ」ということも伝えます。ここまでやってはじめて、スケジュール管理の苦手な人にも伝わるのです。

PCやスマホでは目につかないのであれば、どこかにスケジュールを貼っておくのもよいでしょう。毎日、その日の予定を付箋に書き出してPCのモニターなどに貼っておく。そして予定が終われば付箋を捨てていく。

非常にアナログではありますが、これなら忘れることもなく、付箋が着実に減っていくことで達成感も味わえます。

打ち合わせで決まった事項は、項目を挙げて箇条書きにして、念のため全員で内容を共有しておくといいでしょう。そして全員が理解したら、その項目に◯をつけていく。こうすれば、後になって「聞いていない」「理解できなかった」という言い訳はなくなります。それでもわからなかったら、すぐに質問する習慣をつける。

そして質問を受けた側は、すぐに返事をする。「質問が来たら◯分以内に返信する」というルールをつくっておいてもいいかもしれません。

「聞いたけど返事が来なくて、結局わからなくてできませんでした」ということは、なくしていかなければなりません。

「わからないからできない」「後回しにする」としていると、確実にやるべきことは忘れ去られます。

ここでひとつ問題なのが、付箋に書いて貼ってあるものの、まったくなくならない予定です。それはたとえば、「〇〇社とXX社に連絡してアポを取る」「リストの50番まで電話する」など、予定というよりは自分の行動に関するものが多いのではないかと思います。それができない原因は、やはりマインド的な部分になると思います。

根本的な理由を探るためには、質問を繰り返して相手を深掘りしていくことです。詳細は第4章にも書きましたが、

・会社に入った理由
・本当に今の仕事はやりたいことなのか
・楽しいことと嫌なことって何なのか

などを深掘りして、本当にできない理由を探っていくのです。そこを解決することで、根本的に「できない理由」を解消できると思います。

スケジュールを守れないスタッフがいる場合には、このように共有と確認を嫌とい

うほど繰り返しましょう。面倒に感じる部分もあると思いますが、後のトラブルのタネを摘んでいるのだと思えば、安いものです。

第7章

大嫌いな人（上司）をやり過ごす
見せかけコミュニケーション術

大嫌いな上司をどうやって攻略するのか？

こんなことを言ってしまうと身も蓋《ふた》もないかもしれませんが、いくらコミュニケーション能力を向上させたとしても、どうしても苦手な人や好きになれない人、付き合いづらい人はいなくなりません。

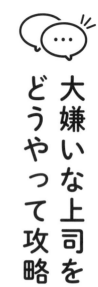

特に会社員の場合には、残念ながら、嫌な上司や同僚がいたとしたら毎日顔を突き合わせなければいけません。嫌だからといって、逃げるわけにはいかないのです。

しかし、人間はやはり嫌なことはどうしても顔や態度に出てしまうもの。「この人、ちょっと苦手だな……」と思いながら接していれば、その気持ちはどうしても表に出てしまいます。そしてそれは相手にも伝わり、「この人、本当は自分のことを嫌っててるんじゃないだろうか」と感じ取られてしまいます。これでは、毎日会社に行っても気まずいと思います。

しかし会社では、嫌な上司、価値観の合わない同僚など、苦手な人に囲まれて過ごす時間は結構な長さでしょう。そうであれば、嫌な人と付き合う力もひとつの大切なコミュニケーション能力だと思います。

そこで、ここでは、苦手な人とどのようにコミュニケーションを図っていけばいいのかをご紹介しましょう。

今でこそコミュニケーション能力で稼いでいる僕にも、会社員時代には苦手な上司がいました。年齢は50歳くらい。完全に昭和の価値観の持ち主で、とにかくモーレツ。長時間の残業を強要し、自分自身も月の労働時間は４００時間以上という人でした。

ただ残念なことに、その労働時間で利益を生む仕事をしているわけではなく、ただ会社にいるだけなのです。要は家に居場所がないので休日出勤をして、ＰＣでゲームをしたり動画を見たりして時間を潰しているだけ。

もちろん、いつもそうだったわけではないと思いますが、少なくとも一緒にいる僕には気づかれていました。

しかも、そういう上司に限って「仕事してる感」を出すために意味のないことを指示してきたり、時間潰しのつもりなのか、仕事とは関係のない自慢話をしたりしてくるわけです。平日も土日もこのような上司の顔を見て仕事をしなければならない環境は、本当に苦痛でした。

ただ、しばらくするうちに、そんなふうに毎日不平不満を感じながら仕事をしていてもいいことはないと気がつきました。

苦手な人に「すみません、僕はあなたのことが嫌いです」という態度でいたら、まわりからの自分に対する評価が下がってしまうかもしれないと思ったのです。「森って、自分たちにはいい顔するけど、◯◯さんには対する態度がひどいと思う」という話になったら「森は人の好き嫌いが激しい」「感情が安定していない」と評価されかねません。

嫌いな人を避けていたら、いつの間にか反対に自分が社内で孤立している可能性もあるのです。しかも、自分が嫌っている人が社内でそこそこ影響力があると、自分の立場はさらに厳しくなってしまうでしょう。

嫌いな人のどこが嫌なのかは、人によって違うと思います。しゃべり方、顔、体臭のような生理的なものなのか、あるいは仕草や仕事ができないとか、いろいろだと思います。いずれにせよ、自分が嫌いな人に嫌われたり、恨まれたりしてもいいことはありません。

会社員の場合、よかったと思える偶然の出会いも、これはちょっとなということもあると思います。それが普通です。周囲の人みんながみんな、素晴らしい人などはあり得ません。

でも与えられた環境を最大限に生かすことは、会社員にとって大切なミッションです。ちょっと裏技的な話ではありますが、次のような方法でコミュニケーションを取り、苦手な人とも信頼関係をつくってほしいと思います。

好き嫌いに左右されない平常心が最も重要

まず肝心なのは、相手や気分によって、自分の対応やテンションを変えず、常に平常心でいることです。感情の波を相手に気づかれないようにすることが大切です。これは特に難しいことではありません。挨拶ひとつをとってもできることです。

たとえば朝の挨拶。普通に出社すれば、「おはようございます」と挨拶すると思いますが、そのときの声を、いつでも、誰に対しても元気よく一定にするだけです。Aさんに挨拶するときは目を合わせてニコニコしているのに、Bさんとは目も合わさず、PCを見たまま小声でボソボソと言うのは、たとえ他意がなくても絶対にやめましょう。やっている本人は、それほど意識しているつもりはなくても、社内ではそのような態度を見ていろいろと勘ぐってくる人がいるものです。

あるいはあなたの立場が上司だとしたら、特定の部下のときだけ挨拶が違っていたら「部長はAのことを気に入っているみたいだな」とあらぬ疑いをかけられ、部下同士の横のつながりにヒビが入りかねません。

特に意図しているわけではないのに、そのような軋轢《あつれき》を生んでしまうわけです。

ここでは挨拶を例にしていますが、雑談の場合はもっと顕著に苦手意識が出てしまうかもしれません。

同じチームのAさんとはリフレッシュルームで会えば10分くらい話をするにもかかわらず、Bさんとは会釈をするくらいとなると、明らかに差があります。

これが、AさんもBさん同様に会釈をするだけであればいいのですが、あなたがAさんと楽しそうに話しているところをBさんや、Bさんと仲のいい人が見たら、誰だっていい気持ちはしないでしょう。難しいかもしれませんが、ここはコミュニケーション能力を高めるためのトレーニングだと思って、平常心を保ってBさんとも話をするのが得策です。

確かに苦手な人と話をしていてあまり楽しい気分ではないかもしれませんが、これは、あなたが苦手な人ともそつなくコミュニケーションが取れているということです。もしかしたら、相手もあなたのことを苦手だと思っているかもしれませんが、少なくとも周囲は、あなたのことを誰とでも気軽に話せる社交性のある人物だと見ることでしょう。コミュニケーション能力が高く、仕事ができる人間だと思われれば、社内評価も高まります。

この場合は、コミュニケーションを取るのが目的ではなく、自分の社内評価を高めるためのある種の「仕事」だと割り切って、常に平常心でいられるよう心がけてください。

とにかく「YES」で返す

苦手な相手と雑談をする、あるいは年齢差がかなりある相手と話をするのは結構つらいことだと思います。

話の内容にほとんど興味が持てなかったり、話題についていけなかったり、あるいは「そんなはずないだろう」と、思わず突っ込みを入れたくなるような場合もあるでしょう。そのまま姿を消してしまえればいいのですが、相手と自分の2人しかいなかったり、相手は気持ちよさそうに話し続けていたりすることもあります。

このようなとき、その場を離れるのはなかなか難しいものですが、とりあえずその場をやり過ごし、しかも相手にいい感情を持ってもらう方法があります。

常に「ＹＥＳ」を言うことです。「そうですね」「よかったですね」などの言葉を使いながら、共感の切り返しをするわけです。そして、たまに「それはどういうことなんですか？」などと質問を挟んでみるとさらにいいかもしれません。

第３章で、コミュニケーション能力を高める方法として「１００人と話をする」という方法を紹介しましたが、それを社内でやっていると思えばいいでしょう。どのような反応をすれば相手が喜ぶのか、どうしたら話がうまく展開していくのかなど、学ぼうと思えばいろいろなことを学べます。

ただし、話を聞いているうちに何か一言モノ申したくなることもあるかもしれませんが、決して反論してはいけません。

反論といっても「でも、これってこうじゃないんですか？」程度の軽い問いかけなら「いや、実はそうじゃないんだよ」という具合に話が進むかもしれません。それを「あなたの話はここが間違っています。あり得ないです」などと指摘してはいけないのです。

もともと苦手だったり、話が合いそうもないけれどコミュニケーションを取らなくてはいけなかったりするので、やむなくそうしている相手です。いわば、この会話はコミュニケーションを取るための練習といってもいいものです。そこでつい、真剣に間違いを指摘して相手を怒らせてしまっては、ただでさえ我慢をしながらコミュニケーションを取っている状況がさらに苦痛になってしまうでしょう。しかも相手は日常的にいつも会っている相手なのです。ほんの一瞬不愉快なことがあっても、そこはグッと飲み込んでしまうのが得策です。

反論めいたことは極力口にせず、ひたすら相手に共感していきましょう。それで十分です。

こうしたコミュニケーションから何か得るものがあるかどうかはわかりません。そのような人と本当の意味で仲良くなれるかもわかりません。しかし少なくとも、失うものはありません。社内の苦手な人とのコミュニケーションは、そういう性質のものだと割り切ってしまうのが一番です。いわば「コミュニケーションを良好に保つために裏の顔を持つ」というところでしょうか。

裏技的人脈構築術

会社員時代の僕は、ノルマを達成したことはなく、売り上げの点ではあまり優秀な営業マンではありませんでした。それでも社内では「できるヤツ」と評価される場面が多くありました。それは、僕が社内外で独自の人脈づくりをしていて、そこで得られた情報を活用して仕事をうまく回したり、問題を解決したりしていたからだと思います。

ここまでは社内の苦手な人とどう付き合うかという、どちらかといえば消極的なコミュニケーションの話をしてきましたが、今度は、もう少し積極的な、社内で生かせる人脈づくりについてお伝えしようと思います。この方法は、僕が実際にやっていたことではあるのですが、同じようなことをしている人は、たぶんあまりいないのではないかと思います。社内でうまく立ち回るためには効果があると思いますので、ぜひ真似をしてみてください。

1 イケてる優秀な社外の人と仲良くする

まず、社外での人脈づくりです。社外といっても、よくある異業種交流会のようなものではありません。もっと現実的な、会社でよく見かける他社の営業マンなどの身近な人と仲良くしましょう。

僕はよく、親会社と取引のあった某社の営業マンと飲みに行ったり情報交換をしたりしていました。その会社は、僕のいた会社と直接取引があったわけではないのですが、よく社内で見かけていたので、なんとなく知り合いになり、飲みに行くようになったのです。

そこではじめて知ったのですが、彼には、親会社を通じて、僕がいた会社に関する情報もいろいろと伝わっていたようでした。

そのためか僕の知らない社内事情まで知っていて、問題点について改善案を提案してくれるなど非常に頼りになったのです。

僕は僕で、社内で取り組もうとしていることや顧客の要望など現場で感じていることなどを話していました。もちろん社外秘のことはお互いに話しませんが、こうした付き合いを通じて得た情報で、僕は自分の会社や親会社の中で仕事をスムーズに回すことができました。

また相手にとっても、普通の取引関係を超えたところから情報を得ることで、その後のビジネスを組み立てやすくなったのではないかと思います。

そもそも、お互いに取引関係のある間柄だったら「次の発注や提案が……」といった生々しい利害関係が表に出てしまい、なかなか物事を俯瞰《ふかん》して見ることは難しいのではないかと思います。

おそらく彼も、僕の会社と取引があったら、社内事情など教えてくれなかったと思います。そのようなことを話したのがバレて、取引が打ち切りになってしまっては元も子もありません。そのような心配がないから、大局的に「ここはこうしたほうがいい」という話が客観的にできるわけです。

そういう意味では、彼は会社員の僕にとって非常に貴重な人脈でした。

でも僕が一番楽しかったのは、その担当者と個人的な信頼関係を築けたことです。こういうことは、「会社のため」と思ってやっていても、楽しくない。まず第一に、自分が楽しかったり、面白かったりしなければ、単なる義務になってしまいます。

社外での人脈づくりといっても、大それたことではありません。まずは、自分のまわりにいる社外の人とゆっくり話をする機会を持ってみてください。僕の場合も、相手の営業マンがここまでいろいろな情報を持っているというのは、飲んでみてはじめてわかったことです。きっと、何か新しい発見があると思います。

2 飲み会には必ず出る

最近は「飲みニケーション」という言葉はほとんど死語になってしまったようです。特に若手の社員は、上司が誘っても「今日は用事が……」と言ってなかなか付き合おうとしないそうです。同僚と飲みに行く機会も、昔に比べたらずいぶん減っているのではないでしょうか。

よく「同僚や上司と酒を飲んでいる時間があったら、勉強して資格を取ったり、スキルアップしたりしたほうがいい」という、いわゆるちょっと「意識高い系」な人もいます。確かにそういう発想は素晴らしいと思います。しかし、会社で成果を出すために必要なことは、本当にそうしたスキルや資格なのでしょうか。

そうではなく、僕はやはり、会社での仕事の基本は人間関係にあると思います。社員同士のコミュニケーションがスムーズで、自分もその中で上司や部下、同僚といい関係を築けている。そういう仲の良さが会社での仕事には求められるものだと思います。

マニュアルの読み込みや資格の取得など、自分ひとりで完結する業務的なことが好きな社員も多くいますが、人間関係の基本である、「人と仲良くなれること」ができる人が少ないように思います。

第3章でお伝えした、人と仲良くなる基本は接触頻度の高さだという話を覚えていますか？　上司に誘われると気軽に飲みに付き合う部下と、ほとんど行かない部下と、どちらがいい人間関係をつくれるか。接触頻度を考えたら、言わずもがなでしょう。昭和な感覚かもしれませんが、僕が頻繁にパートナーとの飲み会を開いたり、よく一緒に旅行に行ったりするのも、コミュニケーションを円滑にして、みんなと仲良くなるためです。そしてその人間関係によって、月商7000万円を達成していることを忘れないでください。

勘違いをされると困るのですが、「仲の良さ＝馴れ合い」ではありません。人と人の付き合い方という点では昭和的な感覚が大切ですが、日々厳しい競争にさらされている企業にあって、のんびりした馴れ合いの中で仕事をしていたら、会社の経営はおぼつかないでしょう。ビジネスにおいては、当然、アップデートされた令和の感覚が欠かせません。その点の厳しさは当然必要です。

さて、コミュニケーションを良くするために一押しの飲み会ですが、会社の人たちとは価値観が違い、仲良くすることに意味がない、出世にも興味がないというのであれば、話は別です。そういう場合は、わざわざ嫌な思いをして飲み会に行くこともないでしょう。

でも、社内でうまくコミュニケーションを図りたい、いい人間関係もつくりたい、出世もしたい、それなのに飲みには行かないというのは、ちょっと違うと思います。

そこがわかるのは、あなた自身です。どうするのがよいのか、よく考えてみてください。

3 社内トップ営業とは？

会社員だったころ、僕は常に、結果を出したい、仕事を円滑に回したいと考えていました。労働環境が非常に厳しい会社で、しかも自分はほかの社員の誰よりも年下だったので、嫌な言い方ではありますが、うまく立ち回らなければ自分の立場はどんどん悪いものになっていくのではないかと思ったからです。

まずは周囲とのコミュニケーションを良くし、さらに「森は仕事ができる」と認めてもらう必要があったわけです。

そのためにいろいろな策を講じていました。先ほどお伝えした社外での人脈づくりもそのひとつですが、もうひとつ、自分以外にやっているのを聞いたことがないという方法が、自分よりも圧倒的に上の立場の人と仲良くなることです。

「圧倒的に上」というのは、直属の上司とかその上の人というレベルではなく、会社の規模にもよりますが、社員数百人〜1000人の会社であれば「社長」「取締役」クラスの人です。

社員数が数万人という超大企業の場合は、ひとりの上司が抱えている部下の数も多いと思うので、部下の数が数百人の部長クラスのイメージです。

ではなぜ、そのレベルの人と仲良くなるといいのか。高いポジションにいる人たちは、当然、大きな権限を持っています。その人たちと仲良くなっておけば、その権限を使って会社を良くしてもらえるよう、直接的な働きかけができるかもしれないのです。

僕が働いていたリフォーム会社の、社員は200名くらいでした。

この規模の会社だと、社長がほぼ全権を握っています。それはつまり、社長に信用してもらえれば、自分が考えていること―仕事を円滑に進められる環境をつくること―が実現する可能性は非常に高まるのです。

平社員が何かをしようと思ったら係長、課長、次長、部長など、いくつものプロセスを経て（おそらくは元のものとは内容も相当に変わったものとなって）決裁をもらい、そこからようやくいろいろと動き出します。しかもいつの間にかその動きも雲散《うさん》霧消《むしょう》してしまうという可能性もあるわけです。

でも、それが社長からの指示だったらどうでしょうか。

おそらく普通の会社員であれば、目の色を変えて取組むでしょう。下の人間がどんなに提案しても、自分に近い上司はなかなか動いてくれません。「若いやつが何を言ってるんだ」くらいの感想だと思います。でもそれが社長からの指示となれば、スピード感、真剣さなど、すべてにおいてまったく違います。僕の提案も社長の指示も内容はほとんど変わりがないものなのに、誰に言われたかでまったくその後が違ってくるわけです。

正直、そういう上司の態度もどうなのかとは思いますが、これが現実です。

営業の現場では、よく「トップ営業」という方法が使われます。

中間部分を飛ばして、いきなり最終的な権限を持っている社長クラスの人に営業をかけ、実質的な話をまとめてしまうという方法ですが、これを社内でやるイメージです。

「社内トップ営業」というとわかりやすいかもしれません。

断っておきますが、これはもちろん私的な希望を実現してもらおうという話ではありません。

社内の仕事での話です。

会社の業績に貢献しようとしている自分に有利に働くように、上位者の力を貸してもらうという姿勢を忘れると、たちまち自分の立場が悪くなると思います。

「本当にそんなにうまく行くのか？」と疑問に思う方もいるでしょう。

当然ですが、これは目立たない社員では、不可能です。

しっかりとアピールすることで社長の印象に残る社員でなければ、そして、提案の内容が本当に会社のためになるようなものでなければ、社長も話を聞こうとは思わないでしょう。

平社員が直接社長やかなり上の上司にアプローチするのはハードルが高いのは事実です。

そこで、僕が実際にやっていたことをご紹介します。なお僕の場合は相手が社長だったのですが、大企業で働いている方で「いきなり社長に会えるはずがない」という方は、適宜、重要な権限を握っている役職の人に置き換えてください。

まず、はじめにするべきことは、社長と1対1で話ができる接点をつくることです。具体的には、やはり会社の飲み会がいいと思います。中堅企業であれば、年に何回かは社長も出席する飲み会が開かれると思います。その場を利用して、社長に自分のことをアピールするのです。

その際、社長には取り巻きも多いので、印象が薄かったら社長の記憶に残りません。「この社員は何か違うな」と思わせる必要があります。社長がワインが好きならワインの話でもいいし、スポーツが好きならスポーツの話でもいい。とにかく、他の社員とは違う何か特別なものを自分は持っていると社長にアピールして、社長に自分の存在を印象づけましょう。

そして、ここからが肝心ですが、社長との面識を保ちながら、仕事でも成果を出していかなければなりません。社長と面識はあるものの仕事はほとんどできないというのでは、社長にとっては、ただの普通、あるいはそれ以下の社員です。そんな社員が社長に業務関連の提案をしても聞く耳を持ってはもらえません。ある程度の成果を上げているからこそ、社長も「この社員の言うことなら聞いてみようか」という気になるのです。まずは与えられた職場でできる限りの成果を上げることを目指してください。

僕の場合、社内では年齢が一番下だったこともあり、いい意味でも悪い意味でも注目されがちでした。そこで、ある程度の成績を上げていれば、たとえずば抜けた数字でなくても、まわりの評価は「若いのに結構やるじゃないか」となります（残念ながらノルマは達成できませんでしたが）。そして社長がそのことを聞けば、「ああ、最近話に出てくるのは、あの若いやつか」となり、一層距離は縮まります。すると、今度は社長のほうから「森っていう社員は頑張ってるみたいじゃないか」という話が部課長に出たりする。こうなったら、しめたものです。

僕は社長に向けて、スポット的に業務関連の報連相を始めました。

上司からは業務時間を400時間求められているが、これは明らかに過重労働なので、業務プロセスを見直したほうがいいんじゃないかとか、先日顧客からクレームについて報告書があがっていたが、ここは事実とは違うなど、自分が疑問に思っていることを社長に報告していくわけです。

当然ですが、社長に告げ口をするというスタンスではNGです。あくまでも会社を良くしたいと思って報告しているのです。僕は、自分に後ろ暗い部分がないことを示すためにも、「確認が必要だと思われたら、私の名前を出していただいて結構です」とまで言っていました。

「こんなことをしたら、直属の上司に睨まれるんじゃないか」と心配する人もいるかもしれませんが、そんな心配は必要ありません。

社長はもちろん、一定より上の立場の人は、俯瞰して組織を見ています。下の立場にいると気がつきにくいですが、想像以上に、上の人は社員のことをよく見ています。中堅企業の、できる社長であれば、社員の性格や人間関係はおよそ把握しているはずです。

だからこそ、社長のためにいろいろと報告している僕の立場が不利になるようなことは、社長はしないだろうと考えたのです。

社長の目が届かないけれど、会社にダメージを与えかねないようなことがあれば、僕はすぐに社長にメールしていました。あくまでも会社のためを思ってそうしているわけです。そんな部下のことを悪く思うことはないでしょう。

こうした、社長と仲良くなるという社内的なトップ営業は、やる人はほとんどいないと思います。もちろん会社の規模や風土によって、いきなり社長にたどり着けない場合もあると思いますが、同じ会社で働いていこうと考えているのであれば、それくらいしたほうが出世しやすいだろうし、給料も上がりやすいと思います。

第８章

令和のコミュニケーション術
～成功するＳＮＳ・メールの使い方～

ＳＮＳでコミュニケーション上手になる

ＳＮＳの登場で、コミュニケーションの取り方が格段に変わりました。いつでもどこでも、ほぼリアルタイムで必要な相手と連絡が取れるようになったのです。

今は、連絡は全部メールという会社は結構少ないのではないかと思います。ビジネスのコミュニケーションには、チャットワークやＳｌａｃｋなどのチャットツールを使っている方が多いと思いますが、僕らは結構自由な業界なので、基本的にはすべてＬＩＮＥで済ませています。

ＳＮＳは、新しいコミュニケーションの方法なので、上手に使えている人とそうでもない人の差が結構あります。そして、ビジネスに使う場合、その差は結構ビジネスに影響を与えてしまいます。

そこで、SNSやメールなどのコミュニケーションツールをどのようにビジネスに活かせばよいか解説していきましょう。

ちなみに僕の場合は使っているSNSがLINEなので、それを念頭に置いていますが、どのSNS、チャットツールであっても原則は同じです。

どんな連絡手段でも秒速で返信する

SNSはスピード感が命です。問い合わせ、業務連絡、確認依頼など、届いたメッセージには即レスが原則です。特に相手が顧客だった場合には、とにかく早く返事をするに限ります。相手に、きちんとメッセージが届いていると伝えることが重要です。

連絡は瞬間で返す。なぜならばLINEであれば、送った瞬間は必ず携帯を開いているときです。他の連絡手段でもそうでしょう。開いた瞬間に返信すれば相手は必ずメッセージを見てくれます。当たり前のことですが、既読を溜めないようにしましょう。

どうしても、返事が速い人＝仕事ができる人、返事が遅い人＝仕事ができない人と思われがちです。たとえばクライアントから商品に関する問い合わせが来ているときなど、たとえそれがすぐに答えられることでなくても、数分後に「調べてからまたご連絡します」と返事をする人と、きちんと時間をかけて調べているものの、返事をするのが丸1日経ってからという人では、受ける印象がまったく違います。早く返事があれば、相手からすれば優先順位が高いということです。

僕は会社員時代、返事の速さが重要だと身をもって知りました。顧客からリフォームの相談を受けたら、まず見積もりをつくります。そしてこの見積もりの提出が早いと成約率が高いのですが、それが遅いとどうしても成約数が減ってしまうのです。

これは、時間が経った結果、顧客の関心が低くなったのかもしれないし、別の業者に頼んでしまったのかもしれません。

あるいは、顧客に「自分たちは優先順位が低いのでは？」と不快な思いをさせた可能性もあります。いずれも、早く見積もりさえ送っておけば受注できたかもしれない案件なのです。

早さ＝熱量です。スピード感がないと、人がモノを買いたいといった熱量も下がっていきます。機会利益の損失にならないよう、「返事はすぐに！」を実践してください。

「ＳＮＳが苦手」はＮＧ

会社ではさまざまな年齢や趣向の方がいると思いますが、「ＳＮＳが苦手」「よくわからない」という人がたまにいませんか？　プライベートならば全く問題ないのですが、ビジネスシーンにおいてはこれでは、ちょっとまずいと思います。

ＳＮＳが苦手だからプライベート用のスマホにはＬＩＮＥも入れていないという人でも、会社から支給される仕事用のスマホにはＳｌａｃｋやチャットワークのようなビジネス向けのツールが入っているでしょう。

会社や顧客との連絡はそれを使わなくてはならないという場合もあるかもしれません。それは「必要なメッセージはいつでも受け取れるようにしておいてほしい。そしてそれを見たら、速やかにレスポンスをしてほしい」という会社の意思の表れです。スピードが求められる時代です。コミュニケーションもスピードです。そのためにこうしたツールを使うわけです。

それでも「使い方がわからない」「急《せ》かされているようで嫌だ」といった理由で、SNSを避けるのは会社員としてどうなのかなと思います。確実に評価が下がるのではないでしょうか。

さらに、問題は個人の評価にとどまりません。たとえば、全員の意見を聞いて、大至急で報告書をまとめなくてはならないような場合、SNSで連絡が来てほかのメンバーは返事をしているのに自分だけ返事を返さずにいたら、作業をする人としては、なぜ返事が来ないのかわからないまま、作業待ちの無駄な時間を過ごすことになります。これは、多くの人にとって時間のロスです。最初は家族宛のＬＩＮＥでも大丈夫です。ＳＮＳの雰囲気と使い方に慣れていきましょう。

文章は短く早く30文字以内で必要なことを伝える

これはSNSに限らずメールにも共通していることですが、文章は短いのが基本です。たまに何百文字もあるような長文メールを送ってくる人もいますが、正直、読むのが大変で、途中で見落とすこともあり得ます。

返事を早くするのが一番重要なわけですから、長々と文章を書いていては間に合いません。文章を書くコツとして「結論は先に書くこと」があります。

長々とした文章の一番最後に結論があったとしても、そこまで根気よく文章を読む人はいないかもしれないし、そもそもある程度の文章力がなければ、きちんと人に意図を伝えられる文章を書くのは難しいでしょう。

SNSやメールの使い方もこれと同じです。相手に伝えたいこと、大切なことは最初のほうに書く。そのあとは、「ご確認ください」「連絡ください」など相手にしてほしい次のアクションを書いておけば、たいていのことは伝わります。

たとえば「先日のA社への提案はC案に決まりました。準備をお願いします」という文章と「先日訪問したA社への提案は、B案も捨てがたかったのですが、最終的にF課長の判断でC案に決まりました。C案になったポイントは……」と続く文章と、どちらが次のアクションにつながりやすいでしょうか。

要は、「提案の準備をしてほしい」と伝えたいだけなので、その背後にある事情などは不要です。

もちろん、丁寧に説明をしなければならない場合にはそうする必要がありますが、そのような付加情報がいらない場合には、最初の文章で十分です。あれこれと考えて長い文章を書くのではなく、短い文章で必要なことをスピード感をもって伝えることがSNSを使うテクニックです。

あともう1点気をつけたいのが、受け取ったのが単なる連絡ではなく、何かを依頼する内容だったときです。特に、目が回りそうなくらいに忙しい状況で何かを頼まれたら、見て見ぬふりをしたくなるのは仕方がありません。

しかし、それで本当に相手からの連絡を見ることなくやり過ごしてしまったら、あとで苦しむのは自分です。それのみならず、依頼をした相手にとっても、依頼したことが進んでいるのか止まっているのか、わからないもやもやした状況が続くことになってしまいます。

このような場合には、「後で確認します」でも何でもいいので、メッセージを見たことは相手に伝え、依頼を片付ける時間をスケジューリングすることが大切です。後回しにすればするほど、追い込まれていくのは自分です。さらに周囲にも迷惑をかけることになります。くれぐれもご注意ください。

できるビジネスマンは即電話

今まで主にＳＮＳの活用法をお伝えしてきました。ＳＮＳは電話と違い、相手の都合とは無関係に確実にメッセージを届けられる非常に便利なツールです。しかし、時には電話というアナログなツールを使ったほうがいい場合もあるのです。

何かの案件で、イエスかノーかという結論を伝えるだけであれば、ＳＮＳで十分でしょう。しかし、たとえば「例の件、ノーでした」という連絡を受けたとき、当然回答はイエスだろうと思っていたのに、なぜノーなのか、答えの背景にある理由を知りたくなったとしたらどうしますか？　ＳＮＳで「なぜ？」「どうして？」などと返事をしますか？

僕は、そのようなときは電話で話すべきだと思います。SNS上の単語だけでは通じない微妙なニュアンスなどは、やはり当事者本人に聞いてみなければわかりません。

同じ「ノー」であっても、まったく問題外で話にならないレベルの「ノー」だったのか、何かの条件で折り合いがつけば「イエス」になったような、惜しいレベルの「ノー」だったのか、その違いは「例の件、ノーでした」というメッセージを送ってきた送信主しかわからないからです。このような、何かしらの出来事の背景や理由を詳しく知りたい場合などは、僕はすぐに電話をかけます。何しろ電話なら、2秒でかけて相手の話を聞くことができます。同じことをSNSでやろうとしたら時間も手間もかかってしまいます。

SNSと電話。この両方を上手に使いこなせるよう、意識してください。

おわりに

コミュニケーションスキルが人生を変える

最後まで読んでいただき、ありがとうございました。

ここで改めて質問です。みなさんは、コミュニケーション能力を身につけることで、何をしたいと考えていますか？

会社で出世する、恋人をつくる、同僚と仲良くなって人気者になるなど、実現したいことはいろいろあると思います。

では、そういったことを通して得られるものの本質は何でしょうか。それは「生きづらさをなくす」ことだと、僕は思います。今、なかなか思うようにいかないことが多い方も、「どうせ自分の人生はこんなものだ」とは、絶対に思わないでください。

人生を変えることは、難しいことではありません。

恵まれない家庭に育って、就職もせずにスロプロをやり、ブラック企業で働かざるをえなかった僕が、起業家という新しいステージで成功できたのもコミュニケーション能力を身につけたからです。何度も言っていますが、コミュニケーション能力があれば何でもできるのです。

「そうは言っても、やっぱり自分は人とコミュニケーションを取るのは苦手だ」と思う人もいるでしょう。そういう人に伝えたいのは、まず、今の自分と今の状況を認めてほしいということです。

「コミュニケーションが苦手だ」という人を見てきて僕が思うのは、「自分はほかの誰とも代わりのきかない唯一の存在である」―心理学的には「自己同一性」と言いますが―という認識が薄いということです。

自己同一性が不十分では、自分を変えることは難しいのです。何しろ変えるべき対象がはっきりしていないのですから。哲学的な表現ですが、「不確かな自分」では、変わることができないのです。

そこでまずやってほしいのは「自分で自分を認める」ことです。

今の状況は、いくつもあった人生の中で自分が選んできた選択の集大成です。「あのとき、ああすればよかった。このときはこんなことをするべきではなかった」など、いろいろと後悔することもあるかもしれません。でも、その選択をしてきたのは唯一無二の存在である自分自身です。自分を責めるのではなく、いい意味で開き直ってください。

「自分はこういう人間なんだ」と自分自身を認めてあげてください。その上で、「今までの自分はこうだったけど、これからは変わっていこう。そして今の状況を変えていこう」と考えればいいのです。

そして大切なことは「思うようなことができない自分」であったとしても、そのことを絶対に口にしないことです。人は思っていることを言葉にしたとき、それを再確認して、よりその意識が強固なものになってしまうからです。

本書を手に取っている人は、コミュニケーション能力を高めたいと考えている人だと思います。今まで紹介したコミュニケーション能力を高める方法のなかで、これならできそうだと思うものを選んで「私は◯◯ができる」と言葉に出して、実行してみてください。そして実行できた自分を認めて、少しずつでもいいので好きになっていってください。そうすることで、人とコミュニケーションすることが楽しくなってきます。

3年後、今の自分と違う自分に出会うために

「生きづらさ」をなくすことは、言い換えれば、いろいろな束縛から自由になることではないかと僕は思っています。言葉にすると簡単ですが「束縛から自由になる」というのは、実はそうたやすいことではありません。

嫌な上司のいる会社を辞めるとか、苦手な友だちとの付き合いを控えるなど、環境を変えることは、勇気と思い切りがあればできなくはありません。ただ、自分の意識

が変わらなければ、環境を変えても新しい束縛が始まるだけに終わってしまうかもしれません。

本当に大切なのは、環境よりも、自分の意識を変えること、つまりマインドセットをすることです。

では、そのマインドセットのために最も有効な方法は何か。それは、自分が「こうしてみたい」と思う生き方を実現している人に直接会って、話を聞くことです。

3年前、僕も、今この本を手に取ってくれている人と同じような状況でした。実現したい思い（僕の場合は彼女『現妻』と結婚すること）があるにもかかわらず、現実は厳しく、その状況を何とか打破したい。でもそのためにどうしたらいいのかわからない。

そんな思いを抱えながら、メンターのもとを訪ねたのですが、直接会って話をしているうちに、僕の意識は変わりました。生きづらさの原因である束縛から自由になり、思い通りに生きられる方法を見つけたのです。それが、会社を辞めて起業することでした。

起業後の3年間で、僕の生活は激変しました。

収入は100倍以上になり、本も出版しました。自由に時間が使えるので、好きなときに海外旅行に出かけたり、仲のいい仲間と食事を楽しむこともできます。そして何より、最愛の妻と結婚して子どもも授かり、一番の望みだった幸せな家庭を築くこともできました。

おそらくそのどれも、それまでのような会社勤めをしていたら実現できなかったことです。

もちろん、コミュニケーション能力を高めて、今の会社で頑張っていこうと思う人は、それがいいと思います。本書にあることを実践していけば、今までできなかったことを社内で実現できるようになるでしょう。

でもあなたが、今感じている生きづらさから解放されて思いのままに生きてみたいと思うのであれば、ぜひ僕に会いに来てください。

ゼロの状態で起業した僕が、なぜここまで変わることができたのか、包み隠さずお話しします。

そして直接話をすることができれば、きっと得られるものがあるはずです。起業に興味があるのではあれば、失敗したらどうしようなんていうことは考える必要はありません。守るべき家族や大切な人がいるのであれば、少しずつ生き方を変えていくことだってできます。

「自分には叶えたい目標がある」「今のまま終わりたくない」「こんな日常に流されたくない」

そう考えているのであれば、ぜひ僕の話を聞きに来てください。

一歩だけ、いつもと違う方向に足を踏み出せば、そこには自分の望んでいた世界が広がっているかもしれません。
僕も、ひとりでも多くの人に会ってお話しできることを楽しみにしています。

2019年7月吉日

森貞仁

森貞仁 LINE@

森貞仁オフィシャルwebサイト

株式会社Myself オフィシャルサイト

森貞仁YouTubeチャンネル

森貞仁（もり・さだまさ）

◎ 1985 年生まれ。経営、起業コンサルタント、事業家。
◎京都生まれ。大阪市北区在住。立命館大学産業社会学部卒業。
◎就職活動時に某大手銀行、証券会社に内定を貰うが「良い大学に入り、良い企業へ就職することが本当に幸せなのか？」「自分で決めた人生なのか？」という思いから内定を辞退。カウンセラーになるために臨床心理士の試験を受けることを決意。大学院受験を目標とするがアルバイトの生活に忙殺され挫折。
◎当時、アルバイト先のパチンコ店にスロットで生計を立てていたプロがいることを見て、「自分にもできるかも！」との想いから３年間プロとして生活。合計約 1500 万円の収益をあげる。ただ、社会性のなさや将来性、資産性を考え 27 歳でリフォーム会社に就職する。このリフォーム会社がブラック企業で休みなし、朝８時から深夜までの業務、月残業 200 時間で残業代なし、という状態で夢や希望を失いながら３年間半勤務する。
◎ 30 歳で現妻と出会い、年収 320 万、貯金なし、休みなしでは結婚ができないことから、独立を決意。脱サラ初月 114 万円の売り上げを達成する。１期目の年商は約 3200 万円。２期目は月商 5000 万円に到達し、年商 4.3 億円。３期目は年商約７億円（推定）。マーケティングを得意とし、多くの起業家を育成。300 人近いビジネスパートナーとさまざまな事業を展開。
◎著書に『わずか２年で月商 5000 万円になった起業家のスピード仕事術』（秀和システム）がある。

「お金」も「人」もついてくる
すごいコミュニケーション

2019年7月26日　初版発行

著　者　森貞仁
発行者　野村直克
発行所　総合法令出版株式会社
〒103-0001 東京都中央区日本橋小伝馬町15-18
ユニゾ小伝馬町ビル9階
電話　03-5623-5121
印刷・製本　中央精版印刷株式会社

ISBN 978-4-86280-693-2
総合法令出版ホームページ　http://www.horei.com/